经典 历史

中国历史上著名的
书法家

李默 / 主编

广东旅游出版社
GUANGDONG TRAVEL & TOURISM PRESS
悦读书·悦旅行·悦享人生

中国·广州

图书在版编目（CIP）数据

中国历史上著名的书法家 / 李默主编 . — 广州：
广东旅游出版社，2013.10（2024.11 重印）
ISBN 978-7-80766-660-8

Ⅰ . ①中… Ⅱ . ①李… Ⅲ . ①书法家－生平事迹－中
国－通俗读物 Ⅳ . ① K825.72-49

中国版本图书馆 CIP 数据核字 (2013) 第 221355 号

出 版 人：刘志松
总 策 划：李 默
责任编辑：张晶晶　梁诗淇
装帧设计：盛世书香工作室　腾飞文化
责任校对：李瑞苑
责任技编：冼志良

中国历史上著名的书法家
ZHONG GUO LI SHI SHANG ZHU MING DE SHU FA JIA

广东旅游出版社出版发行
（广东省广州市荔湾区沙面北街 71 号首、二层）
邮编：510130
电话：020-87347732（总编室）020-87348887（销售热线）
投稿邮箱：2026542779@qq.com
印刷：三河市嵩川印刷有限公司
　　　（河北省廊坊市三河市杨庄镇肖庄子村）
开本：650×920mm　16 开
字数：105 千字
印张：10
版次：2013 年 10 月第 1 版
印次：2024 年 11 月第 3 次印刷
定价：45.80 元

[版权所有　侵权必究]
本书如有错页倒装等质量问题，请直接与印刷厂联系换书。

出版者识

《经典历史》是一部全景式图文并茂记录中国文明历史的大书。出版者穷数年之力，会集各方力量——专家、学者、编辑、学术顾问们，在浩如烟海的历史档案、资料、著作中，探珍问宝，追寻中华文明在悠悠历史长河中的灿烂之光。此书的出版，凝聚了编撰者的心血，学术顾问们的智慧。尤其是李学勤先生，亲自动笔写下了序言，更增加了本书沉甸甸的分量。

中华文明的历史充满了辉煌与苦难，成就和挫折。它的历史无处不在，决定着我们中国人今天的思想和感情。当今的中国和中国人是中华文明的历史造就的，是中华文明的历史的延伸，也是它的一个组成部分，中华文明的历史之河奔流到现在。

中华文明是人类历史上最伟大的文明之一，是人类文明发展的主要构成。中华文明丰富、深刻、辉煌、博大，在人类文明中的骨干作用和领导作用人所共知。在人类文明的发源时期，中国就是四大古国之一，是地球上文化的策源地之一。在人类文明的早期，中华文明成为文明在东方的支柱，前后200年间，人类的汉帝国与罗马帝国这两只铁手攫住了地球。在欧洲进入中世纪的时候，中华文明更成为人类文明最主要的领导，它的文明统治东亚，传遍世界。进入近代，中华文明处于自身的重压和西方的欺凌下，但中国人民的斗争史和奋起精神是人类文明历史中不可缺少的一页。

五千年的中华文明为人类贡献出了从思想家孔子到科学技术的四大发明，从唐诗宋词到长城运河的伟大创造；贡献出了从诸子百家到宋明理学，从商周铜器到明清文学的深刻内涵；也贡献出了从五霸七强到三国纷争、从文景之治到十大武功的辉煌历史。中华文明的历史绚烂多彩，在人类文明的历史长河中永放光芒。

中华文明也是人类历史上最独特的文明，没有哪一个文明像中华文明这样持久，这样统一一致。世界上其他文明不但互相交错，其创造者也都与高加索人种有关，它们是姐妹文明。在人类历史中，只有中华文明才是独特的，它的创造者是中国土地上的中国人民，与其他任何地方的人民都没有关系，它的文化是统一一致的文化，可以不依赖于其他任何文明而生存，但中华文明也绝不是封闭的，它接受他人的文化，也承担自己对于人类的责任。

人类进入新世纪，中国的社会经济发展令世人瞩目。人们对于世界未来的政治和经济结构的估计无不以东亚和太平洋为中心，而尤以中国为重点。

经济起飞只是当代中国的一个方面，中国的精神文明建设尤为刻不容缓。如果中国要自觉地发展中华文明，要有意识地使中国的发展具有世界意义，就必须发展强有力的精神文化，这样才能使中华文明的发展进入一个新的阶段，才能形成中国和中华文明的全面现代化。

而中国的精神文化的发展植根于中华文明的伟大传统之中。进入近代之后，在西方文化的冲击下，对于中国文化的价值产生了大量的情绪和激烈冲突的论调。"五四"运动"打倒孔家店"的口号具有冲破封建束缚的时代意义，对中国文化的发展有不容否认的正面意义，与文化虚无主义是完全不同的。文化虚无主义者否定中国传统文化，在现代化的旗帜下主张全盘西化；而复古主义则沉迷于中国文化的古董，走进反进步、反科学的泥潭。

历史的发展则超越了所有这些论点，产生这些论调的一百多年来的中国近代史已经结束。历史要求中国发展，要求中国走在全世界发展的前列。西化论和复古论都已过时，历史已经要求世界超越西方，中国可以承担起世界的命运，而中国的现实和世界的历史都说明，中国的使命在于它的发展前进，而非倒退。

中华文明走出迷惘的时代，我们这一代处在一个伟大而具有挑战的历史阶段。

总结历史、展望未来，这就是《经典历史》的意义和使命。我们创作《经典历史》，力求总结和回顾中华文明的全貌，在内容和形式上都开创一个新的局面。在内容结构上，既具有一定的深度，又具有相当的广博性，既有严谨、准确的学术价值，又有活泼、流畅的可读性。本丛书内容纳了中华文明的各个方面，使它综合了大规模学术著作的系统性、严密性和普及读物的全面性、简易性，它既可作为大型工具书检索中华文明的各个成分，又可作为通俗的读物进行浏览。

我们从上世纪 90 年代初起就开始思考中华文明的历史和现实问题，并逐渐形成了编著《经典历史》的设想。在开展这项庞大的文化工程之始，我们就聘请了国内权威学者李学勤、罗哲文、俞伟超、曾宪通、彭卿云诸先生担任学术顾问，他们对计划作了充分讨论，并审阅了大量初稿。我们聘请了广州、香港地区的社会科学学者、大学教师、研究生以及我社编辑人员几十人担任稿件的撰写工作。

通过创作这部书，我们深深地感受到了中华文明的博大精深，也感受到了它的内在缺陷。中华文明具有辉煌的时期，也有苦难的年代，有它灿烂的成就，也有其不足的方面。中华文明在自身中能够吸取充分的经验和教训，就能够使自身健康壮大，成长发展。

通过创作这部书，我们也深深感受到了出版事业的使命和重任。我们希望这部书能受到广大读者的喜爱，起到它所应当起的作用，为中华文明的反省、前进和奋起作一点贡献。

目 录

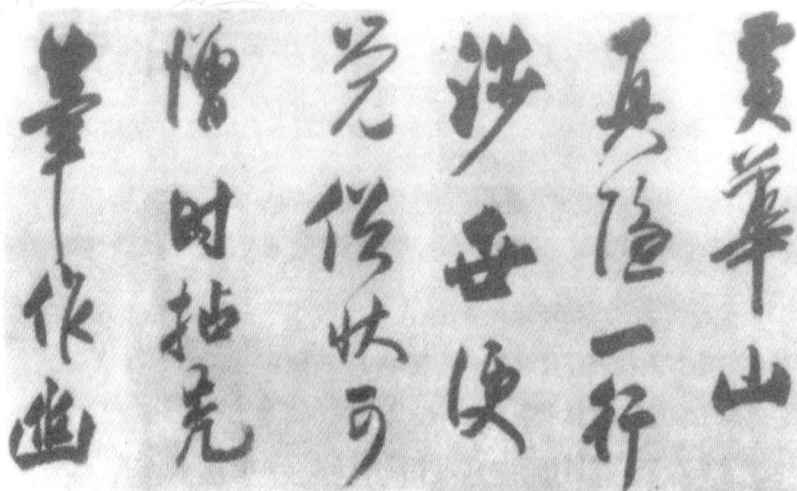

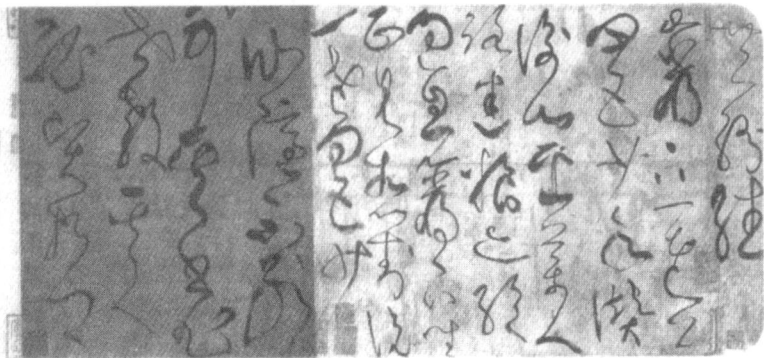

商代中期青铜代表作杜岭方鼎铸成

　　杜岭方鼎是中国商代中期最大的青铜礼器，用于祭祀、饪食。1974年发现于河南省郑州张寨南街杜岭土岗。共出两件，形制、纹饰相同，都是斗形深腹立耳，分别编为1号、2号铜鼎。1号鼎较大，通高100厘米，器口长62.5厘米，宽61厘米，鼎口、腹略呈横长方形，腹壁厚0.4厘米，鼎腹成斗形，深46厘米，重约86.4公斤。鼎体巨大，造型浑厚、庄重。鼎口沿外折，两侧沿面上有圆拱形立耳，微微外张，耳的外侧面呈凹槽形，内有3道凸起的棱线。鼎腹上部约1/3处饰有阳纹的饕餮纹装饰带，每面正中及四个转角处也各有一组饕餮纹。腹部左右和下部边缘装饰一圈整体成U形的乳钉纹。

其余部分均为素面。装饰手法朴素大方。从造型和纹饰上看，都充分体现了商代中期青铜器的特征，是这个时期的代表作。但由于年代较早，铸造技术还不够完善，在整体比例和细部处理上尚有不足之处。和商代后期以司母戊鼎为代表的方鼎造型相比，杜岭方鼎腹部过深，足相对较短，显得庄严感不足，耳和口沿也太单薄，尚有外范接合不严、部分纹饰有重叠的缺点。

　　此鼎出土时腹底和足表有烟熏的痕迹，证明鼎作为礼器不仅摆设在宗庙里作为权力的象征或用以祭祀，还用来饪

杜岭方鼎

煮食物，作为炊具。

2号鼎通高 87 厘米，口径 61×61 厘米，为正方形，重 64.25 公斤。1982年，在郑州城东南的商代中期窖藏中又发现两件大方鼎，造型和装饰手法与杜岭方鼎相同，形体稍小，都通高 81 厘米，口径 55×53 厘米，一重 75 公斤，一重 52 公斤。

杜岭方鼎的发现开拓了人们对商代中期青铜工艺的眼界，它为商后期出现的司母戊等大方鼎在造型和工艺上开了先河。

赵穿弑晋灵公·董狐书法不隐

晋灵公是暴虐之君。他向民众厚敛赋税，铺张地用税收来彩画墙壁。晋灵公从高台上用弹丸打人，看人们躲避弹丸，以此作乐。厨子烧煮熊掌不熟，被晋灵公杀死，放在畚箕里，让女人用头顶着走过朝廷。赵盾和士会看到，问知杀人的缘故，感到担心，准备进谏。士会对赵盾说："您若劝谏不成，就没有人接着劝谏了。不如我先去，您再接着劝谏。"士会进谏多次，晋灵公口是心非，并不改正。赵盾又屡次进谏，晋灵公很讨厌，派遣钼去刺杀赵盾。某日清晨，赵盾卧室之门已经打开，赵盾穿戴整齐，正打算入朝。因为时间还早，所以他正端坐闭目养神。钼见状，叹气道："不忘恭敬，真是百姓的主人。刺杀百姓的主人，就是不忠；放弃国君的命令，就是不信。两者必取其一，不如一死了之。"于是便撞在槐树上死去。

周匡王六年（前607）九月，晋灵公请赵盾喝酒，埋伏下甲士，打算杀赵盾。赵盾的车右武士提弥明觉察后，快步登上殿堂说道："臣下侍奉国君饮酒，超过三杯，就不合礼仪了。"于是扶赵盾下殿。晋灵公嗾使恶狗猛扑赵盾，提弥明上前搏斗，将恶狗杀死。赵盾说："丢开人而利用狗，虽然凶猛，又有什么用！"边斗边退出去。晋灵公的卫兵灵辄受过赵盾的恩惠，见赵盾危急，便倒过戟来抵御晋灵公的其他禁卫兵，使赵盾免于祸乱。九月二十三日，赵盾的弟弟赵穿在桃园杀死晋灵公。此时，赵盾正欲逃往别国，尚未走出国境，听到晋灵公的死讯，便回国都重登卿位。

赵盾复位，派赵穿迎晋襄公之弟黑臀于周而立之，是为成公。晋太史董狐将此事记录下来，写上："赵盾弑其君。"赵盾对董狐说："弑君是赵穿，我无罪。"董狐却说："你身为正卿，亡不越境，反不讨贼，不是你是谁呢？"孔子知道此事后，赞董狐为"古之良史也，书法不隐"，又称赵盾为"古之良大夫也，为法受恶"。董狐对我国史学秉公直书的传统影响颇大。

晋成公元年，晋成公赐赵氏为公族。自此以后，晋国的政权逐渐下移，由卿大夫专国政。

老子著书出关·《道德经》代表中国纯粹哲学

据传春秋战国之际，我国古代著名哲学家、道家学派创始人老子著写《老子》，阐述他的哲学思想。

老子，姓李名耳，字聃，楚国苦县（今河南鹿邑）厉乡曲仁里人，曾任东周王朝守藏史，掌管图书典籍。相传孔子曾向他问过"礼"，他则给孔子讲述许多深奥的道理。他一生修行道德，晚年才有"著书言道德之意"。书成，是为《老子》，又名《道德经》，全书分上下篇，共81章，计5000余言。在《道德经》一书中，老子以"道"为核心，创立了他的哲学体系，包括世界本原说、朴素辩证法及认识论等等。

"道"是老子哲学体系的核心，他认为"道"先于世界万物存在并且是

老子授经图。春秋时期的思想家老子，后来被道教徒神化，奉为教主，在中华大地的多元神系中，占有重要的一席。本图绘出了老子在松树下坐在榻上授经的场面。仙风道骨的老子，颇具"天尊"的气度。

产生世界万物的神秘本原，"有物混成，先天地生"、"吾不知其名，字之曰'道'"就是说在天地形成之前就有一个浑然一体的东西存在。在老子看来，"道"是一个神秘的、不可感知的精神性实体，并且由"道"可生出万物世界。"道生一，一生二，二生万物"（《老子》第四十二章），可以说由"道"化生出元气，由元气产生阴阳二气，再由阴阳二气和合而产生天地万物，老子以"道"为万物本原的学说，结束了上帝鬼神的传统，提高了哲学思辩的高度。

以"道"为基础，老子又提出他的朴素辩证法思想，他认为无论自然界还是人类社会，无时无刻不在运动变化之中，并在这运动变化之中概括出一系列相互矛盾的范畴，如有无、福祸、美恶等。并指出每一矛盾范畴的两个对立面是相互依存和相互转化的，"天下皆知美之为美，斯恶已"，就是说，当天下人都知道美之所以为美的时候，也就知道了丑的含义了。在承认矛盾双方互为存在条件的前提下，老子还认为对立面双方并非一成不变的，而是无不向其反方面转化，提出"反者道之动"的朴素辩法思想，作为事物矛盾转化的普遍法则。如"祸兮，福之所倚；福兮，祸之所伏"。

在认识论方面，老子否认人的知识来自于感觉经验，他认为体认"道"，完全不需感性认识，只需要"虚静"、"玄鉴"的认识方法，即可达到"闻道"的目的。"虚静"、"玄鉴"即要求人们内心虚静，不持任何成见，也不受任何外界干扰，以达到心灵虚静的状态。以这为基础，他反对启迪民众智力，要人们"绝圣弃智"、"绝学无忧"，公开主张实行愚民政策，以维护统治阶级的统治。

老子除了将"道"作为世界万物的本原外，还将之作为是万物的归宿。万物从"道"而生，最后又复归于"道"，"夫物芸芸，各复归其根。归根曰静，是谓复命。"这一思想反映到社会历史观方面，老子认为人类应重返纯朴的自然状态，从而形成了他所谓"小国寡民"的乌托邦思想。

老子的哲学思想，到后来基本上发展为两个方向。一是庄子将老子的世界观发展成为虚无主义；另一就是将"道"解释为规律，以"道"为礼、法

老子骑牛图，北宋晁补之绘。道家创始人老子倡导的恬淡虚无、清净无为、抱朴归真的人生观倍受后人推崇，成为后世养生学的基本准则。

的思想依据，形成了法家学派。此外，老子的思想对后来道教哲学也有很大的影响，被奉为道教"教主"。

老子的本体论是体系的，而且惊人的清晰。它把道确定为世界的本体，它是无差异的、不以人的感觉和知性把握的先天存在，它生成万物，生成的方式是差异化和递归，物之所以存在是因为它被生成，其所以生成的过程和方式就是德。老子花了大量篇幅谈道的无限、无差异和非知识，并谈及它与世界的生成关系（这关系引起了混乱，似乎它才是道，是生成，而本体是"自然"，道法自然，老子的"道"在这里不是很清楚）。

老子的哲学是完整的体系，道无结构无组合，它以差异、递归、德育产生出万物。道是真正的纯粹（而非实践、社会）哲学，他的行为哲学也完全从关于道（理）的理论中引出，因而他是中国真正唯理主义的先驱与代表。

老子的认识论、社会哲学和行为哲学由此派生，并偏激地向无差异、无为的道一方回归而放弃另一方，这完全源于他本人对他时代的认识和个人道德倾向，对后世产生了很大的、一般说来是消极的影响。

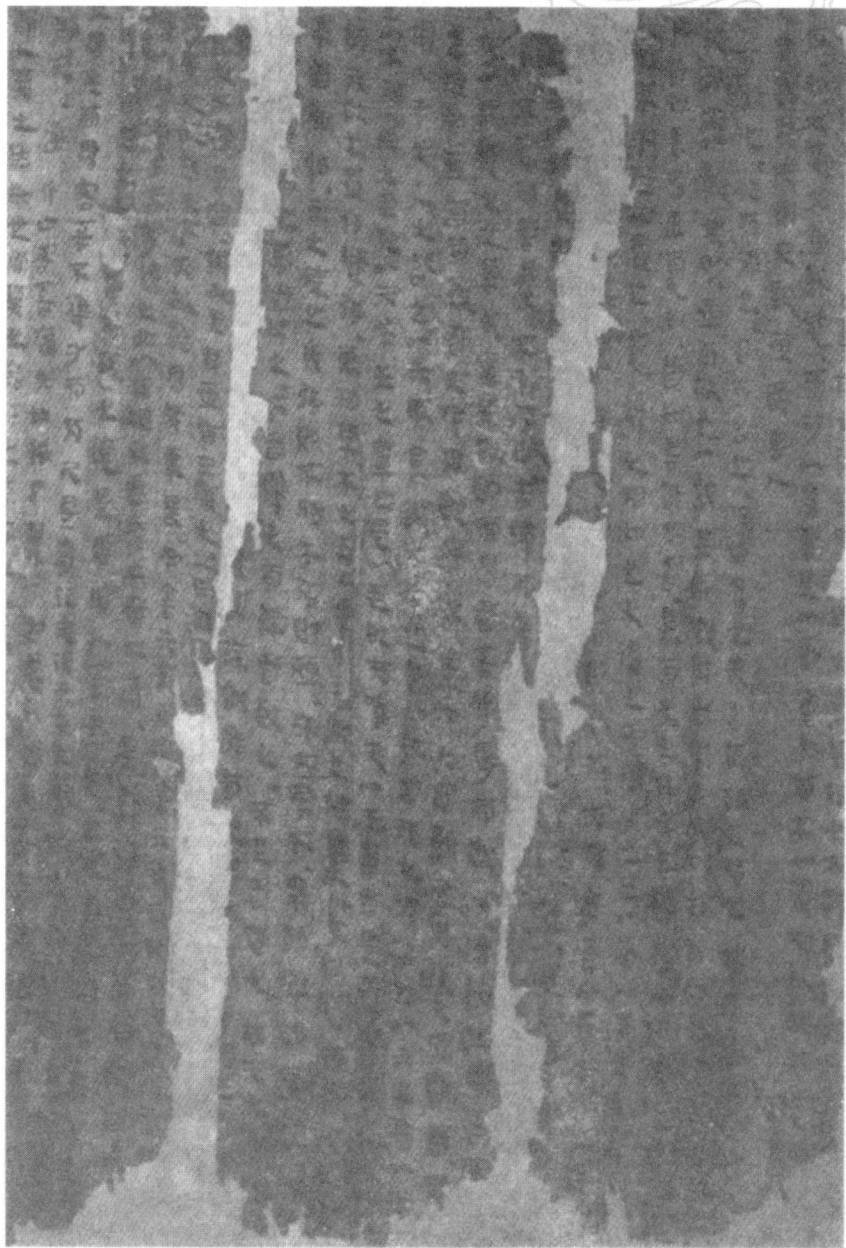

西汉帛书《老子》(残页)

邹忌为齐相

　　齐威王即位之初任用邹忌改革，整顿齐国。邹忌以擅长鼓琴而得见齐威王，邹忌见了齐威王后，调好弦，做出要弹琴的样子，但两手却搁在弦上不弹。齐威王颇觉奇怪，问他为何不弹，邹忌称自己不但会弹琴，还知道弹琴的理论。于是从伏牺氏作琴说起，一直讲到文王、武王各加一弦，用鼓琴的节奏来说明"治国家而弹（安定）人民"的道理。他认为君主好比琴上的大弦，弹起来"浊以春温"；丞相好比琴上的小弦，弹起来"廉折以清"；政令好比指法，弹起来"攫之深而舍之愉"。弹琴要"大小相益"，"复而不乱"，这样琴音就协调好听。治国和弹琴有同样的道理。齐威王听后有所领悟，便留下邹忌，与他谈论国家大事。邹忌认为，要治理好国家、安定人民，关键在于君相掌握政令时要像四时的运转一样调理均匀。齐威王很赏识他的见解，于周显王十二年（前357年）他们相见三个月后授给他相印，并加紧整顿朝政，进行政治改革。经过变法改革，齐国逐渐强大起来。

《尚书》编成

中国古代的一部历史文献汇编《尚书》编成于战国时期,《尚书》又称《虞书》、《夏书》、《商书》、《周书》,战国时总称为《书》,汉人改称《尚书》,"尚"的意义是上古,"书"的意义是书写在竹帛上的历史记载,"尚书"意即"上古"的史书。

《尚书》所录,据称为虞、夏、商、周各代典、谟、训、诰、

战国蟠龙飞凤纹绣浅黄绢面衾

誓、命等文献,其中主要记载商、周两代统治者的一些讲话纪录,少数篇目为春秋战国人根据往古材料编成。

关于《尚书》编订年代,以前有说为孔子所编,近代学者多认为《尚书》编订于战国时期。秦始皇焚书后,《尚书》多残缺,汉初,《尚书》存29篇,为秦博士伏生所传,用汉时隶书抄写,称为《今文尚书》。西汉前期,鲁恭王拆毁孔子故宅,发现另一部《尚书》,是用先秦六国时字体书写,称为《古文尚书》。它比《今文尚书》多16篇。

《尚书》中涉及的虞、夏及商代部分文献是据传闻写成，不尽可靠。但多数为殷商、西周时期作品，具有重要的文献价值。体例上，"典"是重要史实或专题史实的记载；"谟"是记君臣谋略的；"训"是臣开导君主的话；"诰"是勉励的文告；"誓"是君主训诫士众的誓词；"命"是君主的命令。其它还有一些以人名、以事、以内容为标题。《尚书》内容丰富，在中国史学、文学、政治学上占有重要地位。如《盘庚》篇记载了商朝中期盘庚迁殷这一重大事件，记载了迁殷的原因、迁殷前后的社会思

战国飞凤花卉纹绣。绣地为浅黄色绢。先绘墨稿，再绣花纹。针法为锁绣。

想状况和商王盘庚迁殷的决心及其对贵族们的反复告诫。《牧誓》篇记载了殷周政权更替之际周武王讨伐殷纣王的经过和气势，写出殷王的暴虐无道和周师的灭殷信念。而《尚书》中关于殷商、西周人的记载，又是中国史学上最早的历史典册。与这种典册相关，中国历史上出现了最早的史职、史官。《尚书》中的殷商、西周人作品正是这种典册制度和史官职掌相结合的产物。《尚书》中的一些作品还是中国史学的萌芽。如《召诰》反复讲到夏商兴废的历史，指出："我不可不监（鉴）于有夏，亦不可不监（鉴）于有殷。"《多士》讲殷商兴亡之故。《无逸》讲殷商统治者的勤与逸跟"享国"时间长短的关系。这些都是有意识地总结朝代兴衰的历史经验及其对现实的鉴戒作用，对

后代史学影响深远。

　　自汉以后,《尚书》一直被视为中国封建社会的政治哲学经典，既是帝王的教科书，又是贵族子弟及士大夫必遵的"大经大法"，在历史上有重要影响。

楚国流行简策

战国时代楚国大量使用简策，现在考古所见先秦简策都是楚国的，虽然这与楚国防腐技术有关，但不能说北方各国不使用简策，而楚国的简策是极其重要的。

简策是中国早期的书籍形式之一。在造纸技术发明以前，中国古代书籍主要是用墨写在竹木简上。人们将竹木劈成狭长的细条，经过刮削整治后在上面写字，单独的竹木片叫做"简"。若干简编连起来就叫做"策"（亦写作

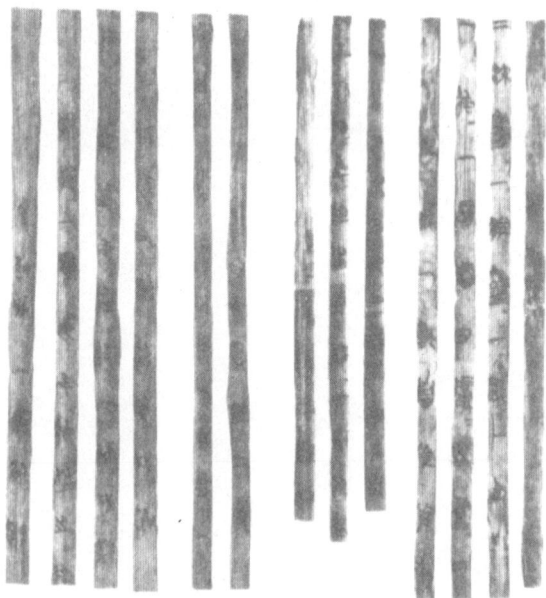

楚国竹简

"册"），这是现在称一本书为一册书的起源。中国先秦时期的古籍，最初就是写在简策上而流传下来的。

战国时期的简策现代发掘只出现于楚国，如《信阳楚简》，出土于河南省信阳市北，出土的竹简共分两组，一组存 470 余字，内容是一部古佚书，其中记述有周公所说的一段话。另一组共 29 支，内容是记录随葬品的清单。

简文字体与长沙仰天湖楚简大体相同，也是战国时代的楚国古文。字体呈方形，结构紧密，用笔平缓而流畅，笔划匀称，表现出一种挺拔的书写风格，有较高的艺术价值。

李斯确定篆书·秦统一文字

　　战国时，文字的形体非常紊乱，各国文字不统一，不但字体不同，同一个字所采用的声符、形符也都有很大差异。秦统一六国后，"文字异形"给政令的推行和文化的交流造成严重障碍，于是秦始皇责令丞相李斯负责对文字进行整理，除去和秦国文字出入较大的文字，制定出新字体作为官方文字。李斯取史籀大篆，创造小篆，并使之成为秦代官方文字。

　　李斯不仅是秦代政治家，还是书法家。他对篆书有很深的造诣，北朝王愔《古今文字志目》、南朝羊欣《采古来能书人名》，都推李斯为秦代书法家之首。为统一文字，李斯作《仓颉篇》，取史籀大篆，创造小篆，他所书的篆书骨气风韵方圆妙绝，对后代篆书影响很大。同时代的书法家赵高作《爰历篇》，胡毋敬作《博学篇》，也都以大篆作基础创造出小篆，对小篆的形成作出一定的贡献。

　　由大篆经省改而形成的小篆，形体长方，用笔圆转，结构匀称，笔势瘦劲俊逸，体态典雅宽舒；字形图画性减少，线条符号性增强，异体字已经很少，偏旁部首的写法和位置基本固定，字形比较简化，是中国文字发展史上的一大进步。小篆之后的文字称今文，之前的则是古文。

　　李斯确定篆书，秦统一文字，结束了战国以来文字异构丛生、形体杂乱的局面。篆书成为官方文字，具有权威的意义，之后历代官方更采用篆书作印章文字。而文字的统一推动中国文化的统一，在中华文明史上有不可忽视的作用。

　　秦代篆书主要用于官方文书、刻石、刻符等，流传至今的作品《泰山刻石》、《琅琊台刻石》、《绎山刻石》、《会稽刻石》，相传都出自李斯之手。《泰山刻石》风格圆润，严谨工整；《琅琊台刻石))用笔既雄浑又秀丽，结体的圆转部分更为圆活，二者都是秦代小篆的代表作。

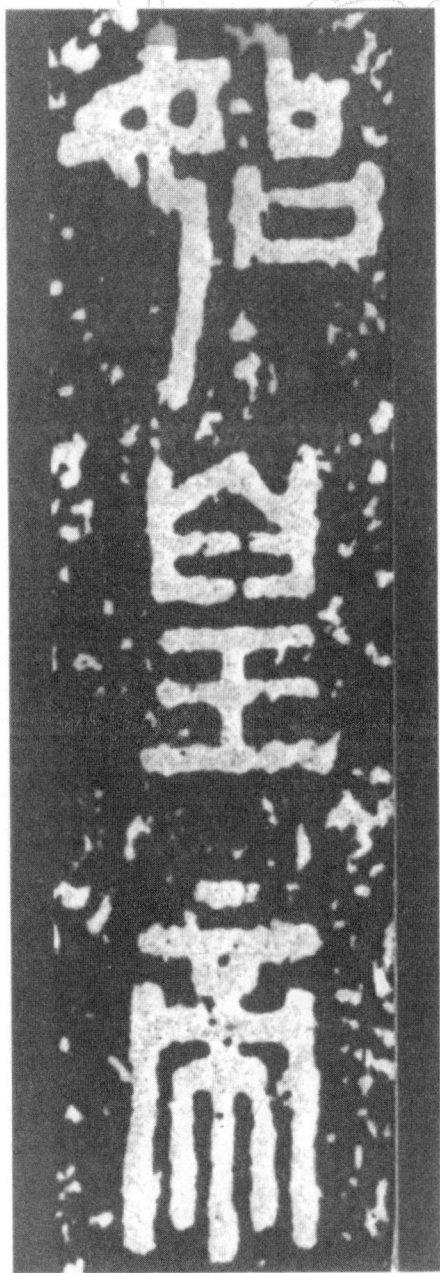

秦代书体"始皇帝"

秦式篆刻定形

篆刻，即刻印的通称。印章字体多用篆书，先写后刻，故称篆刻。篆刻为我国特有的传统艺术，春秋、战国时期已经流行。秦代篆刻印章多由印工

（秦）泠贤

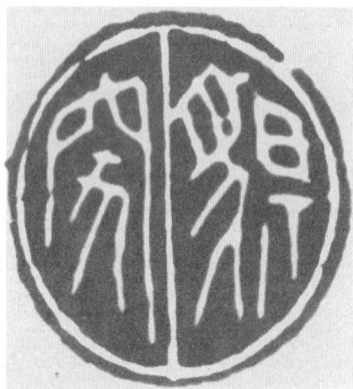

（秦）上官郢

（秦）江去疾

（秦）鳎突

完成，已有较高艺术成就。秦代印章主要有官印、私印两种。秦代皇帝印称"玺"，官吏或私人印称"印"，或称"章"。官印一般约二三厘米见方，有的略长一些。私印多作长方形，方形的比较少，间有圆形、椭圆形的，还有两面印。印材主要有铜、玉。多凿款白文，铸印较少。其字数无定则，章法多变，整齐而不呆板，风格质朴苍秀。方印多加田字格，半通印（长方印）多加日字格。所以，秦印与汉印并为后世篆刻家所取法。

萧何作《九章律》

汉高祖十一年（前196年），刘邦在亲自率军征讨陈豨反叛中得知萧何设计帮助吕后杀韩信后，随即遣使拜丞相萧何为相国。萧何为刘邦汉天下的建立创立了卓著功勋，汉初刘邦论功分封天下，以萧何为第一。萧何在任职丞相和相国期间，推行与民休息、轻徭薄赋的政策，使汉初社会经济能够在连年的战乱后得以恢复。高祖十二年（前195年）萧何又依据秦法，并进行删削增补，制定出《九章律》，为汉朝的社会稳定起了一定作用。《九章律》又称《汉律九章》，是西汉统一后最早颁行的基本法典。现在，《九章律》原文已失传，仅知篇目为"盗律"、"贼律"、"囚律"、"捕律"、"杂律"、"具律"、"户律"、"兴律"、"厩律"。前六篇大体与秦律相同，内容以刑法为主，还夹杂有审判、囚禁等规定；后三篇为萧何新创，是有关户口、赋役、兴造、畜产、仓库等规定。《九章律》的制定为汉以后的立法奠定了基础。

陆贾撰《新语》论治理天下

汉高祖十一年（前196年）五月，陆贾撰写《新语》，论仁义之说，追求儒家的理想政治，同时辅以黄老"无为而治"思想。

陆贾，楚国人，汉初儒生，跟随刘邦平定天下，能言善辩，经常奉命出使诸侯。汉初，出使南越，以辩才说服南越王赵佗臣属汉朝，拜为太中大夫。他时常在汉高祖刘邦面前说《诗》、《书》。刘邦自以为自己是骑在马上得天下的，诗书无用，每加嘲笑谩骂。陆贾则认为骑在马上能够得天下，但不能骑在马上治理天下，主张"文武并用"是长久之术，推行仁义治国，效法古代圣贤。刘邦听后自惭形秽，于是命令陆贾著书论述秦朝之所以失天下、汉之所以得天下以及历代兴亡成败的原因。因此，为总结秦亡汉兴得失，陆贾先著书12篇上奏刘邦，每奏一篇，刘邦都认为好，左右皆呼万岁，认为陆贾所著是《新语》。《新语》是汉初第一部总结秦亡汉兴经验教训的著作，内容以仁义之说为本，发挥《论语》、《孝经》之义，阐明王道，抨击霸术，主张修身用贤，追求儒道结合的理想政治。

陆贾在《新语》中分析道：秦自孝公开始，主张法治，崇尚暴力，重视功利，蔑视伦理道德，奖励耕战，鼓吹集权，这是具有开创精神、富国强兵的理论和政策。从秦孝公到秦始皇，依靠这一条强硬路线，并吞六国，结束了中国长期分裂割据的局面，但秦王朝的只谈暴力，只讲功利，必然导致残暴统治、恐怖政治，自陷于灭亡。陆贾对这一历史经验教训的认识是十分深刻的，他认为应该把强力夺取与和平守成两种手段结合起来，所谓"文武并用，长久之术也"。

陆贾把儒家的仁义之道和道家的无为政治结合起来，指出秦实行的"唯刑主义"，再加之以骄奢繁役，使百姓不能生活下去，最后导致亡国。他主张较为宽厚的儒家政治，认为仁义道德是治国的要道，学习儒家思想的人开明，否则就昏庸，违背儒家思想就会亡国，特别是对于暴秦之后，历经战乱的广大百姓来说，更需要仁义道德的春风暖雨给予滋润和化育。陆贾也十分赞赏道家的无为政治，认为道的最高境界就是无为，少干预人民的事情，省刑薄税，不夺民时，用无为之道治理国家，国家就能得到治理。

陆贾同意道家柔弱胜刚强的思想，认为为政宜柔不宜刚，宜缓和不宜急促，宜温厚不宜刻薄，指出只有柔才可持久，缓和才可以常存，温厚才可以得众。他理想的政治境界是"块然若无事，寂然若无声，官府若无吏，亭落若无民。闾里不讼于巷，老幼不愁于庭"（《新语·至德》）。这样，儒道两家思想在这里统一起来了。

从陆贾所揭示的历史教训中，汉初统治者认识到，在当时的条件下，只有轻徭薄赋慎刑，才能缓和农民的反抗，巩固自己的统治。这样就形成汉初"黄老无为"的政治思想。汉高祖以及文景时期的许多措施，正是这种无为思想的体现。同时，对于后来汉武帝独尊儒术，也起了先导的作用。

陆贾"马上得天下不能马上治天下"的治国理想影响尤为深远。特别是在中国古代皇权专制的层层压制下，能代替人民发出痛苦的呼吁，对于我们民族生命的延续、文化的发展、文明的积累有其不可磨灭的功绩。

贾谊作《吊屈原赋》

贾谊（前 200 年—前 168 年），洛阳人，西汉初期杰出的政治家和文学家。"年十八，以能诵诗书属文称于郡中"；二十余，为博士，提出改革制度的主张，表现了卓越的政治才能，得到文帝赏识。但却因此受到守旧派的诋毁，被贬为长沙王太傅。在贬谪中，他仍不忘国事。后为梁怀王太傅，死时年仅 33 岁。所著文章 58 篇，刘向编为《新书》。

贾谊是汉初著名的辞赋家，作品有《吊屈原赋》、《鹏鸟赋》，显示了从楚辞向汉赋过渡的痕迹。

赋本是诵的意思，《汉书·艺文志》说："不歌而诵谓之赋。"荀卿《赋》篇第一次以"赋"名篇，汉人沿袭其义，凡辞赋都称为"赋"。汉初骚体的楚辞逐渐变化，新的赋体正在孕育形成，故贾谊的赋兼有屈原、荀卿二家体制。

《吊屈原赋》是贾谊谪往长沙时所作。它借凭吊古人来抒发自己的感慨。赋中感叹道："彼寻常之污渎兮，岂容吞舟之鱼？横江湖之鳣鲸兮，固将制于蝼蚁。"作者深谋远虑，高瞻远瞩，具有卓越的政治才能，却遭到保守官僚的排挤，政治抱负无法施展，遂以其抑郁不平之气倾注在赋中，虽痛逝者，实以自悼。刘勰评之为"辞清而理哀"。由于贾谊在此赋中引屈原为同调，而《史记》的作者司马迁又对屈、贾都寄予同情，为二人写合传，因而后人往往将贾、屈并列，称为'屈贾'。

《鹏鸟赋》是谪居长沙时所作。它采用主客问答的方式，抒写自己怀才不遇的愤懑情绪，同时也流露出齐生死、等祸福的消极思想。

贾谊的赋在形式上趋向散体化，同时又大量使用四字句，句法比较整齐，显示出从骚体赋过渡到汉赋的端倪。

作为文学家，贾谊最著名的还是他的政论散文，他的《过秦》、《大政》及《陈政事疏》等名篇世代相传，荫泽后人，对唐宋古文的写作有相当的影响。

楷书大家钟繇卒

　　魏太和四年（230年）四月，魏太傅钟繇病卒，他是中国书法史第一位楷书大家，对中国书法艺术有划时代的贡献。繇字元常，颍川长社（今河南长葛东）人，世为儒学大族。（东）汉末学孝廉，任黄门侍郎。历事曹氏三祖，均受信重，为魏国元老。累官至太傅，人称钟太傅。繇工书，先后师法曹喜、邕、刘德升诸名家，博取众长，兼善各体，楷、隶、行书皆精。他首创前所未有的楷法，其黑书之间，多有异趣，结体繁茂，浑然天成，后世誉为秦汉之间，一人而已。从而形成书法史上由隶入楷的重大变局，无论对于书法艺术的发展，还是对于汉字的定型，都有划时代的贡献。繇与晋王羲之合称钟王，而王羲之的行、楷均深受钟繇的影响。繇真迹不传，宋以后法帖中所刻均系后人临摹。

钟繇书迹（摹本）

"太康之英"陆机被杀

太安二年（303年）八月，文学家陆机及其弟陆云被杀。

陆机（261年—303年），西晋文学家，字士衡，吴郡吴县华亭（今上海市松江县）人。出身于名门世族，祖陆逊，父陆抗，皆为三国时吴国名将。陆抗去世时，陆机14岁，即与其弟兄分领父兵，为牙门将。20岁时吴亡，与其弟陆云退居故里，闭门苦学，十年不仕。太康十年（289年），两兄弟来到洛阳，文才倾动一时，誉满京师，有"二陆入洛，三张减价"之说。太常张华对他们尤为爱重，说："伐吴之役，利获二俊。"陆机入晋后历任太子洗马、著作郎、中书郎等职。又由成都王（司马颖）荐为平原内史，故世人称之陆平原。太安初，为成都王率兵讨长沙王（司马乂），任后将军，河北大都督，兵败被谗，为司马颖所杀，夷三族。陆机今存诗约百余首，其作品注重形式

西晋牛耕壁画。本图为一男架牛犁地，再现了当时的农业生产活动。

技巧，讲究词藻对偶，文辞华美，代表了太康文学的主要倾向。他在文学理论方面也有所建树，其《文赋》是中国第一篇系统的创作论，对后世的文学创作和理论发展产生了重要的影响。他的赋今存27篇，大都篇幅短小、文笔轻灵，或直抒胸臆，或咏物寄怀。而他的骈文似比诗、赋更为出色，较著名的有《辩亡论》、《吊魏武帝文》，前者宏记滔滔、笔墨酣畅，后者时而豪放、时而委婉，深得后人嘉许。除文学创作以外，他在史学、艺术方面也多有造诣。曾著有史学著作《晋纪》4卷、《吴书》（未完成）、《洛阳记》1卷等，可惜已散佚。所书《平复帖》是书法中的珍品。还有画论，但仅见诸唐人所记，已失传。

陆机是西晋太康、元康间最著声誉的文学家，故被后人称为"太康之英"。

书法家卫夫人卒

东晋永和五年（349 年），女书法家卫夫人去世。

卫夫人（272 年—349 年），名铄，字茂漪，河东安邑（今山西夏县北）人，书法名家卫伯玉族孙女，（东）晋初汝阳太守李矩妻。

卫夫人拜钟繇为师学习书法，并受到祖辈的影响，擅长楷、行、篆、隶

晋庄园生活壁画

书，楷体造诣尤高。王羲之少时曾从她习书法。相传她著有《笔阵图》（或以为王羲之撰，或以为六朝人伪论）一书，阐述执笔、用笔方法。她形像地比喻7种笔画的写法为：横（一）应像"千里阵云"；点（、）

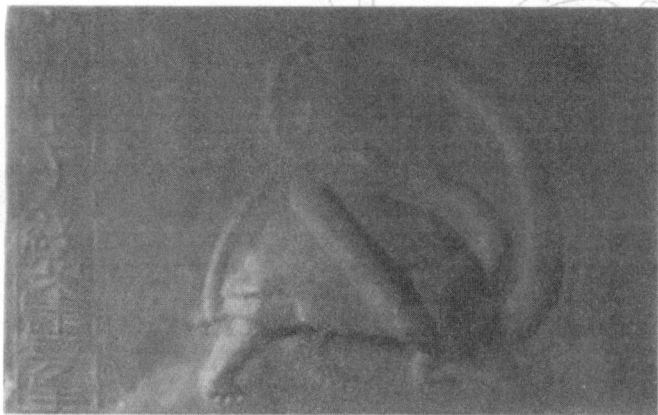

东晋玄武画像砖。江苏省镇江市郊农牧场出土。玄武为"四灵"（朱雀、玄武、青龙、白虎）之一。"四灵"之神在汉代极为崇拜，为汉壁画中常见题材。而此墓出土有"四灵"画像砖多件，仅"玄武"就出土有六方。这表明"以四灵正四方"的传统宗教观念，时至东晋末年仍很流行。此砖一幅一像，形象集中突出，以单色涂成，古朴生动。在玄武旁有隶书两行。

应像"高峰坠石'；撇（丿）应像"陆断犀象"；弯勾（乚）应像"百钩弩发"；竖（丨）应像"万岁枯藤"；捺（乀）应像"奔浪雷奔"；折勾（勹）应像"劲努筋节"。卫夫人认为写字时，下笔点墨，画芟波屈曲，都须尽一身之力运笔送笔。她说，善笔力者多骨，不善笔力者多肉。多骨少肉者叫筋书，多肉少骨者叫墨猪。多力丰筋者圣，无力无筋者病。

　　唐代张怀瓘《书断》中将她的隶书列为妙品，并评述其书法为婉然芳树，穆若清风。她的书法真迹早已失传，仅北宋《淳化阁帖》中存有行楷8行96字。

王羲之作《兰亭集序》

王羲之（303年—361年），字逸少，祖籍琅琊（今山东临沂），会稽（今浙江绍兴）人。

他是晋司徒王导从子，曾任秘书郎、参军、长史、宁远将军、右军将军等职，后人称之为"王右军"。当时权臣殷浩与桓温不协，王羲之曾从中调解，但未奏效。晋永和十一年（355年），他因与骠骑将军王述不和而称病离职。王羲之一生喜好游山玩水和结交朋友。

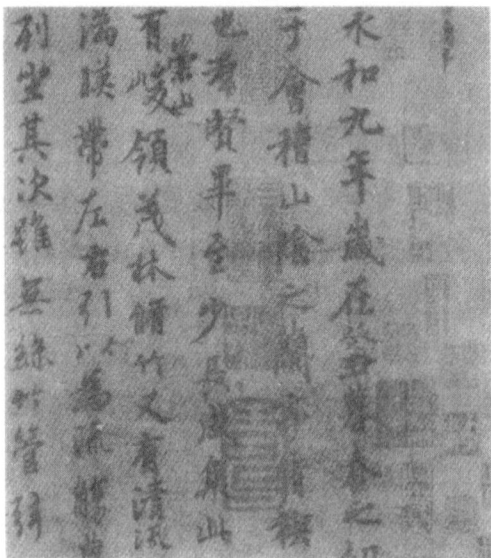

兰亭序帖卷（局部）。东晋王羲之书，纸本，行书。王羲之的真迹，相传已葬入唐太宗李世民昭陵，但唐代多有摹本，尤以冯承素"神龙本"（因帖上有神龙半印得名）最精。

相传王羲之7岁学书，12岁开始通读前人笔论。他的主要贡献也集中表现在书法的成就上，与其子献之并称"二王"。他先拜卫夫人为师学习书法，后博采众长，书精诸体，尤其擅长楷书和行草书，风格妍美流便，一改汉魏以来质朴书风，把书法推向全新的境界，被誉为"书圣"。他的传世代表作有《兰亭序》、《十七帖》、《姨母帖》、《奉橘》、《丧乱》、《初月》等。其中《兰亭序》对后世的影响最大，被称为天下第一行书。

晋穆帝永和九年（353 年）三月三日，王羲之与当时的文士名流谢安、孙绰等 41 人会集在会稽山阴县境内的兰亭，饮酒赋诗，各抒怀抱，事后集结成册，编定为《兰亭集诗》，由王羲之撰写《兰亭集序》。

《兰亭集序》首先记叙了这次燕集的盛况，指出参加聚会的都是才德兼备的人士，再以生动的笔调来描写兰亭的景色，"虽无丝竹管弦之盛，一觞一咏，亦足以畅叙幽情"描写文人们在旷达的环境中畅叙。画面清晰，情景交融。其次即文抒情，感叹人生的聚散无常、年寿有限，带有消极情绪。"欣于所遇，暂得于己"时就"快然自足，曾不知老之将至"，"所之既倦，情随事迁"的时候又"感慨系之矣"。情绪消沉，反映了当时士人对现状无奈和及时行乐的思想，也表现了王羲之在封建社会里的各种矛盾之中的复杂感情。最后说明写这篇序的原因。"临文嗟悼，不能喻之于怀"。作者认为"一死生为虚诞，齐彭殇为妄作"，魏晋以来，文坛上流行玄学，而王羲之不赞同庄子虚无主义的观点，能较客观地认识生死寿夭这个问题，这种思想在当时是有积极意义的。

《兰亭集序》是一篇为人传诵的优美散文。文笔清新疏朗，情韵绵邈，不带魏晋以来的排偶习气，当时清谈玄理风气兴盛，深文周纳，淡言寡味，而这篇序感情真挚，自然朴素，给人以质朴清新之感。

王羲之书法冠古今

东晋王羲之潜心书法，博采众长，一变汉、魏朴质书风，创妍美流便之体，遂臻神妙，成为一代书圣，冠绝古今。

王羲之，字逸少，琅琊临沂（今山东）人，乃名门之后，祖王正为尚书郎，父王旷乃淮南太守。王氏起家秘书郎，为征西将军庾亮参军，累迁长史。进而为宁远将军，江州刺史，至右军将军，会稽内史，所以后人都叫他王右军。后辞官，定居会稽山阴（今绍兴）。

王右军年轻时跟随卫夫人学习书法。后又遍游名山大川，遍学李斯、曹喜、钟繇、梁鹄等人书法，不断吸收前人的营养，提高艺术水平。王氏草书学张芝，楷书学钟繇，精研体势，损增古法，遂自成一家。《书断》列其隶、行、章草、飞白、草书为神品，八分书入妙品，可见地位之高。他的草书损益合宜，风骨精熟；隶书骨肉相称，婉态妍华；行书天姿神纵，无以寄辞。王氏备精诸体，千变万化，得之神功，被誉为"冥通全圣"。古代书家被称为"书圣"的有好几位，最后只有王羲之的书圣桂冠一直保持不坠。

王氏传世作品甚多，但流传至今，多为后人托伪之作，而传为墨迹的，寥若晨星。其中影响较大的有《兰亭序》。它的传本甚多，以"神龙本"为最精。

王羲之像

此本于永和九年（353年）三月三日写于山阴兰亭，是其草书代表作，笔法遒媚劲健，极为美观，其笔势"飘若浮云，矫如惊龙"。藻丽多姿，开一代风气之先河。《快雪时晴帖》，唐钩填本，现为台湾故宫博物院收藏。《宣和书谱》中有著录，后人多认为是真迹，其笔法圆劲古雅，意致优闲逸俗。但是，该帖笔法便转，流露出唐人气味，纸精带竹纹，字墨纤毫无损。

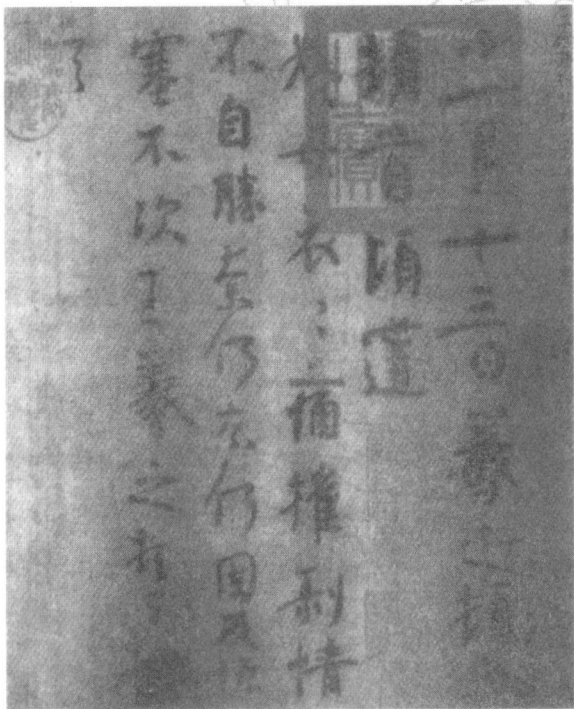

王氏对隶、楷、行、草各体书法都很精工。他的《乐毅论》是继钟繇《宣示表》、陆机《平复帖》之后，又一楷书精品，使楷书至此最终独立为新书体。智永称《乐毅论》为"正书第一，梁世模出"。其中用笔结体与《宣示表》有明显的差别，已脱尽隶体的古拙，楷味历历可见，对后世楷书的发展，影响至深。在行书方面，王氏创意更深。《兰亭序》是目前所见最早、最典型的行书作品，雄逸流动、变化多姿，在行书产生发展的历史上具有划时代的意义。他的另一行书名品《快雪时晴帖》与王珣《伯远帖》、王献之《中秋帖》并为稀世珍宝，乾隆时藏于养心殿西暖阁"三希堂"。

东晋王羲之《姨母帖》。《姨母帖》字体端庄凝重，笔锋圆浑遒劲，尚存分书痕迹。如以晋人的简牍与之相比，就可看出此帖最具晋人书法的特点。《姨母帖》是《万岁通天帖》中的第一贴。唐武则天万岁通天二年（697），王羲之家族后裔王方庆进王氏一门书翰十通，武则天命以真迹为蓝本，用钩填法摹之以留内府，通称《万岁通天帖》。原本仍还王方庆，早已散佚。

东晋王羲之《兰亭序》（神龙本）。《兰亭序》曾在我国古代书法发展史中产生过巨大影响。

王氏行草以《十七帖》和《万岁通天帖》中的《初月帖》最为卓著。前者笔方离方遁圆，结字从容衍裕，气度恢宏。后者章法奇巧，笔势凝重，任率自然，"有不可尽之妍"的美誉。被历代书家奉为楷模的《上虞帖》（又名《得书帖》，是王氏在草书方面的力作。全帖笔势灵动，结字布白，千变万化，自成一种风气。

王羲之的书法作品很多，梁武帝曾搜集他同子献之的书一万五千纸以上，唐太宗遍访王书，得羲之书三千六百纸，到宋时徽宗尚保存二百四十三纸。但他的书法真迹无一留存，仅能从唐代和尚怀仁集的《圣教序》和大雅集的《兴福寺半截碑》等摹本刻帖中了解基本面貌。

这位"书圣"的书法艺术承汉魏之脉，开晋后书风，树立了楷、行、草的典范，后世莫不宗法。

王献之开拓新书体

东晋中晚期，书风极盛，尤其是王羲之的书法代表了"晋人法度"，名冠当世，直接继承羲之书法体势并同样对书法发展产生重大影响的是他的第七子王献之。梁武帝萧衍《书评》说："王献之书，绝众超美，无人可拟"。他与父羲之齐名于世，并称"二王"。

王献之（344年—386年），字子敬，小字官奴，官至中书令。他从七八岁时开始学习书法，一次羲之乘他专心写字时，猛然间从身后抽他的笔，竟没抽走，心里暗喜，知献之在书法方面定会有成就，就着意让他临摹自己的字，并专书《乐毅论》作为献之学书的范本。接着献之师法张芝，并精隶、真、行、草诸体，"后改变制度，别创其法"，使自己的书风独具一格。他作书时常是随兴挥洒，发自情怀，"虽权贵所逼，了不介怀"。曾取扫帚蘸上泥汁在墙壁上飞舞出方丈大的字，引来许多人围观。羲之恰巧看到，很是满意。

献之行草出于羲之而别有创意，"兴合如孤峰四绝，迥出天外，其峻峭不可量"，"雄秀惊人，得天然妙趣，内中多有飞白，为天上神品"。代表作有《鸭头丸帖》和《中秋帖》。前者笔丝上下相连，贯通一气，"笔画劲利，

东晋王献之《鸭头丸帖》

态致萧疏，无一点尘土气，无一分桎梏束缚"，天机流荡，浸润着一股逸气。它不同于其父草书的"破体"之风，颇能体现王献之气脉通连，绵延不绝的"一笔书"精神。

《书断》说献之"学竟能极，小真书（即楷书）可谓穷微入圣，筋骨紧密，不减于父"。《洛神赋玉版十三行》是他小楷的代表作，最有王氏风范。全帖神韵超逸，上下左右均能顾盼照应，富有节奏，分间布白，错落有致，而且将《乐毅论》横势书体，改成纵势，深得楷书宗极，可以说，今楷书体的衍变过程到献之最终完成。

王献之传世墨迹不多，但在其父的基础上创意不少，而且所传墨迹，或为真迹或在很大程度上保留了真迹面貌，对后学者颇有益处。他与父亲的书法各成其道，"子为神骏，父得灵和"，既是旧书体的集大成者，又是诗书体的开拓者，在中国书法史上影响最大，被历代书者奉为楷模。

王珣写《伯远帖》

王珣的书法笔致清秀，潇洒古澹，传世墨迹有《伯远帖》，此帖纸本，行书，纵 25.1 厘米，宽 17.2 厘米。书法特色、时代风格尤为突出，它凝结了王珣一生对书法艺术追求的主要成就。

王珣（350—401 年），东晋书法家，王导之孙，王羲之从侄。王氏三世以能书见称于世，家学渊源，以词瀚为时宗师。王珣不但文词书法称绝，而且品德高尚。

《伯远帖》是王珣的一封书函，该帖用笔削劲挺拔，锋棱毕现，结体疏而宽，个别处相当严密。后人"宽可跑马，密不通风"之说，于此可找到具体例证。书势微向左倾斜，为的是取得险峻端庄的艺术效果，是他独具的特色。竖划顺笔下垂，无往不收；转折处信笔出之，有方有圆。结体在扁长之间，个别字如"胜、实、获、群"等，在羲之父子帖

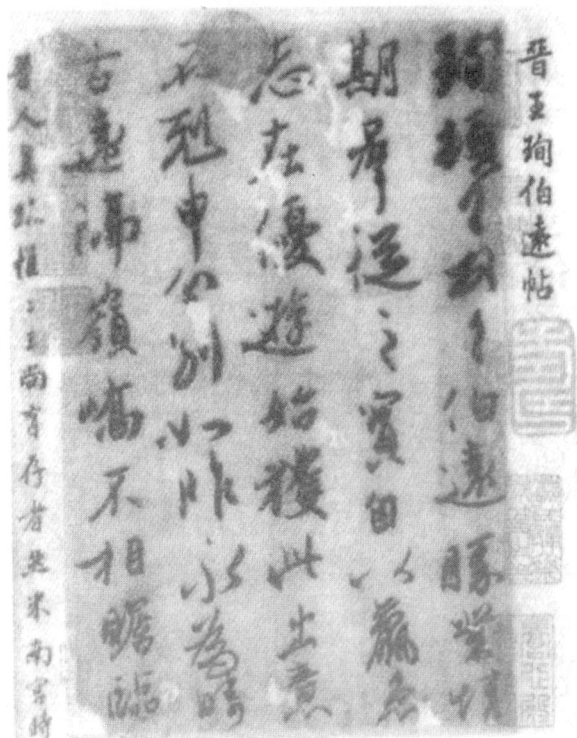

王珣《伯远帖》

中可以找到他们的共同之点。

原帖曾刻入《淳化阁帖》，后代累有翻刻，《三希堂帖》凭原作钩勒上石，仅得原作形式，至于运笔之转折顿挫，墨色之深浅灵活，再精的刻本都无法反映出来。

王珣《伯远帖》今仅存一卷海内孤本。它被列人"三希"之一，竟成为"三希"中唯一的晋人真迹。

谢赫著《画品》

大约南朝梁武帝之时，谢赫著成《画品》一书。谢赫，生卒年不详。南朝齐、梁人，生平事迹不可考。擅长绘画，尤善人物肖像。具有很强的默画能力，只需看一眼便能操笔作画。所绘当时贵族仕女，不囿于成规，具有一定的创新精神。由于谢赫著作了《画品》，他更以绘画理论家而享誉后世。

《画品》开宗明义阐明该书的宗旨在品评画家艺术之高下，又提出绘画的社

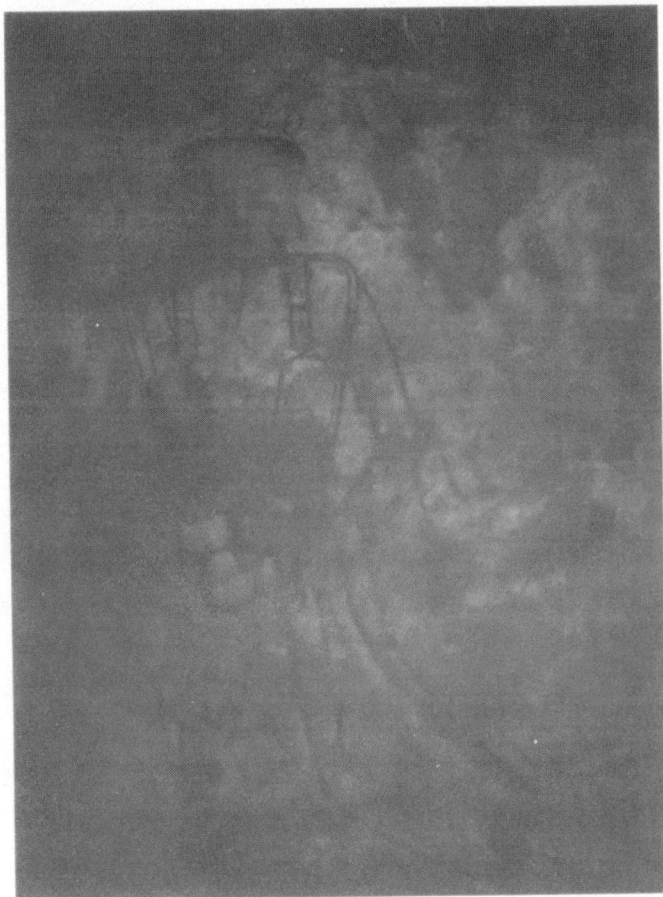

北朝武士壁画。左手执仪刀，作守卫状。画面用墨色线条勾画轮廓，用红色晕染人物面部和衣服边缘及起褶处，以增加人物的立体感。

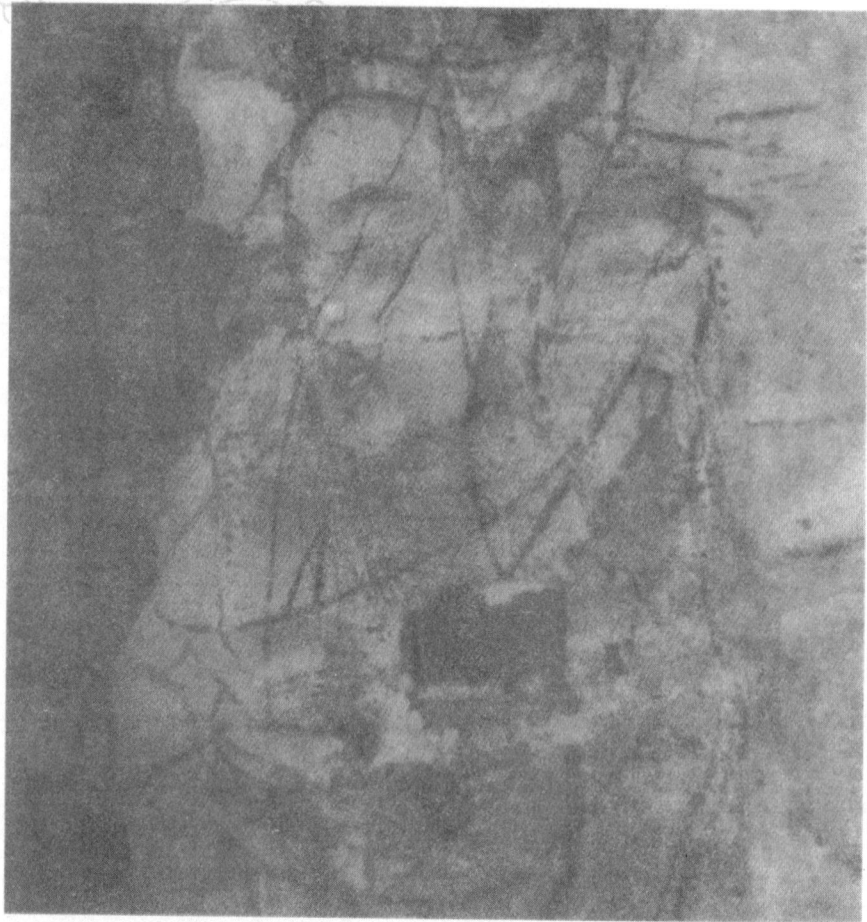

北朝门卫壁画。此门卫头戴漆纱笼冠，簪貂，著浅色宽袖衫，长须飘逸，形貌清秀文静。体现了北朝肖像画的卓越水平，极珍贵。

会功能为使人为善、促人上进及记载历史事物。特别提出"画有六法"，即气韵生动、骨法用笔、应物象形、随类赋彩、经营位置及传移模写（亦作传模移写）。并用此六法作为衡量画家艺术水平的标准，对上至三国下迄当时的古今画家27人的艺术优劣高下进行品评，按其优劣分别纳入六品。

谢赫的六法标准与所评的六品之间存在着内在联系，并彼此互相对应。第一品为最高评价，那些达到"六法尽该"、"六法尽善"的画家（如陆探微、卫协等）列入此品。但他把特别以气韵生动见长的画家（如张墨、荀勖）亦列于第一品；第六品评价最低，那些在六法中显示不出任何特长的画家（如宗炳）列入此品；对大多数画家在六法中虽未取得全面成就但却各有所长的，则分别定品，把以骨法用笔见长的画家（如陆绥等）列入第二品；把长于经营位置的画家（如毛惠远、吴暕等）归入第三品；把以传移模写见长者（如刘绍祖）列于第五品。

　　谢赫根据自己亲见的作品，列名品评三国至齐梁间的27位画家，对他们的题材、技法、师承关系、艺术风格等加以评论，大体是实事求是的，但对其中部分画家的品评有失偏颇，如将顾恺之列入第三品，把宗炳列入第六品，引起后世画品家的非议。继《画品》之后，历代画品著述不断，如梁、隋姚最《续画品》、唐代彦琮《后画录》等，都程度不同地受到此书的启发。谢赫首倡的六法论，也为历代画品家所沿用，并逐渐推广，应用到山水、花鸟等画科，成为绘画的总法则和代名词。但后世对六法的内容和排列次序有所改变，尤其对"气韵生动"，所论每多玄虚，有失谢赫本旨。

　　《画品》是中国现存最早的一部完整地评论画家艺术的绘画理论著作。书中所倡六法，全面地概括了绘画批评的艺术标准，完整地确立了绘画创作的艺术规范，是绘画美学思想的优秀遗产，对后世影响深远。《画品》也为中国古代绘画史保存了大量宝贵的资料。

智永书法承前启后

　　隋代南北统一，书法呈现碑帖合流的趋势。东晋"二王"书风，由陈入隋，上下风范，初成规矩。隋代短短的37年，奠定了书法史上"上承六代，下启三唐"的重要地位。智永是这一时期承前启后的书法家之一。

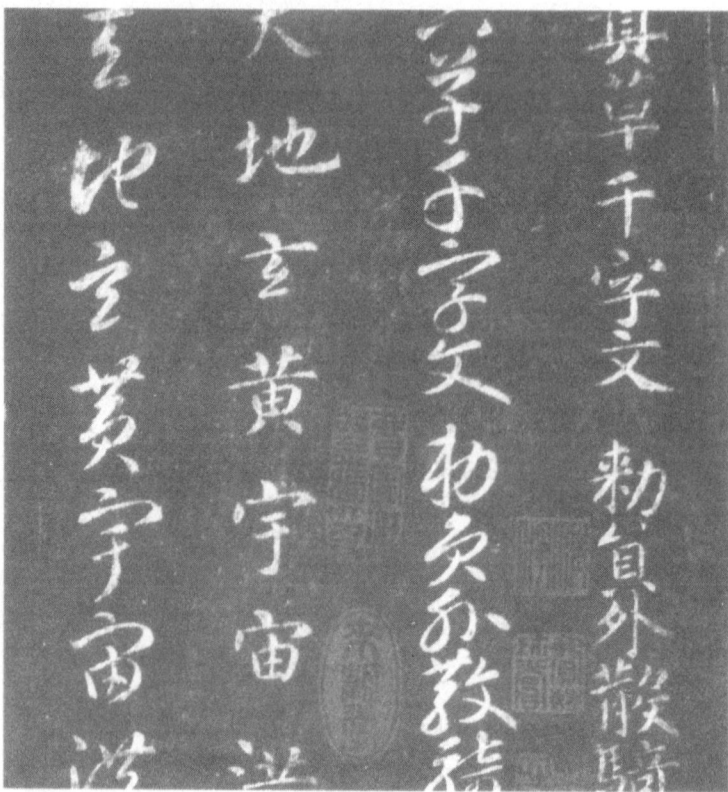

真草千字文（陕刻本）

智永，南朝陈国僧人，书法家，名法报，俗姓王氏。他是王羲之的七世孙，俗号永禅师。《述书赋》载其住绍兴永欣寺。他学书30年，秃笔成冢。书以王羲之为师法，笔力纵横，真草兼备，绰有祖风。他隋时书名卓著，据说当时求字者络绎不绝，将他居户门槛踏损，后用铁皮包门槛，人称"铁门限"。

智永曾手写《真草千字文》800余本，分送浙东诸寺。今传墨迹在唐时被日本遣唐使和长安的归化僧视作王羲之遗墨搜之东渡，现由京都小川为次郎收藏，是智永传世的唯一真迹，对了解隋代的书法成就，弥足珍贵。这件墨迹《千文》得王派书法神韵，"真则圆劲古雅，草则丰美匀适"（万寿国

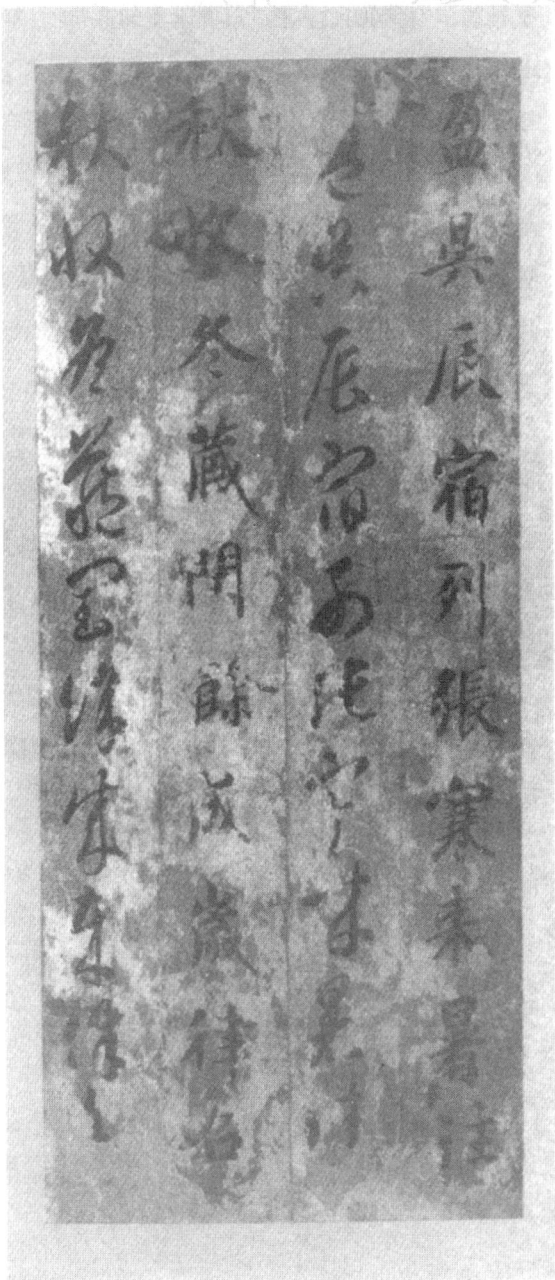

释智永真草千字文

《宋拓薛刻本千文题跋》）。其书风正如苏轼所说"精能之至，返照疏淡"。唐代书法家虞世南真草脱形于智永《千文》，智永本人则为这一时期承前启后的关键人物。

中国文字的发展规律是："由简到繁，由繁到简"。从甲骨文、金文发展到大篆，是由简到繁；由大篆到小篆，到隶书、楷书、行书，是由繁到简。智永对中国书法史上所作的重大贡献，就是从古代有隶书笔意的方笔逐步使用了楷书的圆笔，弘扬了"永"字八法，把唐代楷书的基本笔划肯定了下来，使当时民间酝酿已久的书法改革迈进了一大步。

永字八法，是阐述正楷点画用笔的一种方法，其来源旧有张旭说（见《墨池编》）及智永说（见《书苑菁华》）。客观地说，永字八法，应该是智永创始于前，张旭弘扬于后。张旭自己说："自智永禅师过江，楷法随渡。永禅师乃羲、献之孙，得其家法，以授虞世南，虞传陆柬之，陆传其子彦远。彦远，仆之堂舅以授余。"（见《张旭书艺》）。《翰林禁经》谓："智永发其旭趣。"由此可见，智永的书法艺术奠定了楷书"永字八法"的基础，在中国书法发展史的大交响曲中，奏出了不可磨灭的序曲。

欧氏父子创欧体字

中国唐代著名书法家欧阳询（557年—641年）精通书法，尤擅楷书，学二王（王羲之、王献之），劲险刻厉，于平正中见险绝，自成面目，创立"欧体"字，至后世影响极其深远。其子欧阳通，继承家学。欧阳父子均声著书坛，被称为"大小欧"。

欧阳询《九成宫碑》

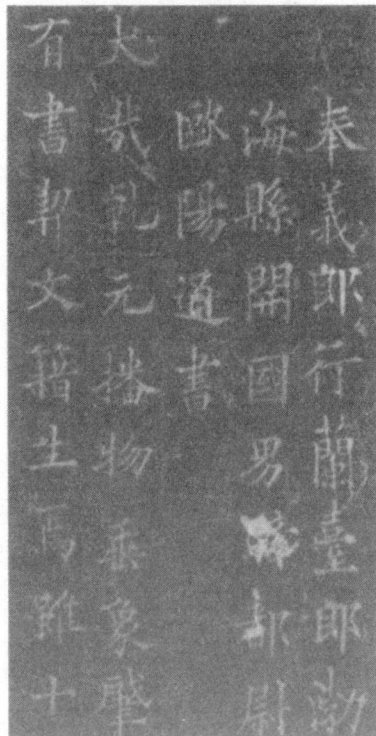

欧阳通《道因法师碑》

欧阳询《梦奠帖》

　　欧阳询，字信本，潭州临湘（今湖南省长沙市）人，在隋代时书法就很有名，唐代时历任太子率更令，故欧字也被称为"率更体"。他和虞世南、褚遂良、薛稷并称为唐初四大书法家。

　　欧阳询由隋入唐，将二王书风带入唐代。他的书法远承魏晋，在六朝朴茂峻整的基础上创造了自己的风格，他初学王羲之，后书体渐变，笔力险劲，成为一时之绝。

　　他用笔古左隶出，凝重沉着，转折干净利落；结体紧结，方正浑穆，有一种极为森严的气度，在雍容大度中，又有险劲之趣。

　　欧阳询的墨迹，取王羲之法则，又行以隶法，晚年字形修长，笔势见方，作品有《梦奠帖》和行书《千字文》等。其中《梦奠帖》结体富于变化，最能表现欧书劲险刻厉、矛戟森列的特色。《史事帖》是他晚年力作，书体笔意近《兰亭序》，深得二王风气，被后人评为"欧行书第一文"。欧阳询传世碑刻有：《九成宫醴泉铭》、《皇甫诞碑》、《化度寺邕禅师塔铭》、《虞恭公温彦博碑》。其隶书碑刻有：《房彦谦碑》等，其中《九成宫醴泉铭》高华庄重，法度森严，用笔刚劲，纤浓得中，寓险峭于平正之中，成为学习书法的楷模。《化度寺邕禅师塔铭》书法静穆浑厚，严密秀腴，在精整险劲中别具风貌，是欧阳询晚年得意之作。

欧阳询之子欧阳通，继承文学，自幼临习父亲遗墨，深得嫡传，其险劲横逸甚至超过父亲。他的《道因法师碑》，隶意更浓，但锋颖过露，含蓄处不及其父，更缺少其父那种方正严穆、雍容大度的风貌。

欧氏父子所创的欧体字，凝重沉着，方正端严，劲险刻厉。张怀瑾《书断》说他"八体尽能，笔力险劲，篆体尤精……真行之书别成一体，……其草书迭荡流通，视之二王，可为动色。"《宣和书谱》则列欧阳询为翰墨之冠。欧体字声名当时已远播国外，对后世影响更是深远，历代科举取任即以欧体字为考卷的标准字体，学书者也多以此为楷书入门的最佳范本。

褚遂良集唐初书法大成

　　褚遂良（596年—658年）是唐代著名书法家，他是继二王、欧、虞之后又一位传世大家。他的书法别开生面，变化多姿，集隋唐之际书风之大成，与欧阳询、虞世南、薛稷合称初唐书法四家。

　　唐代书法艺术继隋之后，真草步入规范化发展的轨道。由于统治者的提倡和爱好，政府置书学、设书学博士，吏部选官"必限书判"。在这样的情况

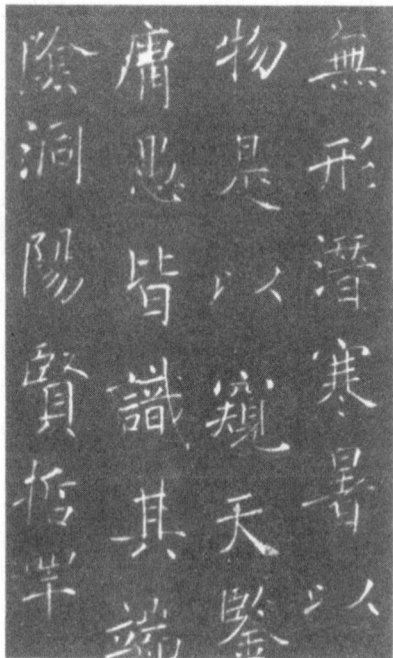

褚遂良《雁塔圣教序》　　　　　　　　褚遂良《孟法师碑》

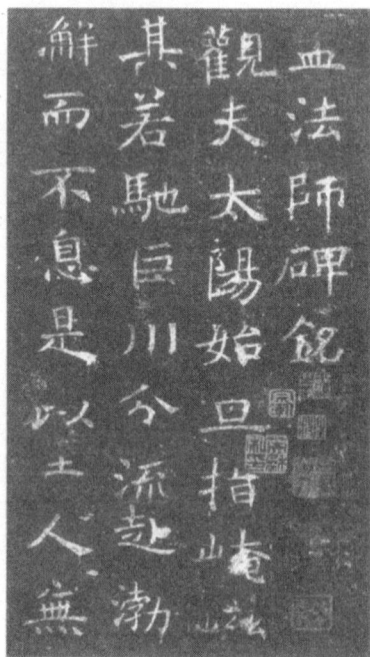

下，有唐一代工书者甚众，书法名家辈出，褚遂良是其中著名的一位。

褚遂良字登善，钱塘人。父亲褚亮在唐太宗时任文学馆学士，与当时著名书法家欧阳询、虞世南是朋友。褚遂良曾任起居郎、太子宾客、黄门侍郎，最后拜中书令。后因反对高宗立武则天为后，被贬至死。

褚遂良的书法在欧、虞之后独树一帜。他学习前辈各家各派书风，融会贯通，自成一家。被时人评为"字里金生，行间玉润，法则温雅，

褚遂良《伊阙佛龛碑》。碑为褚遂良46岁时力作，字划奇伟，结体雄浑与秀逸兼备，宽博方整，变化自然。

美丽多方"。他对王羲之书法有极深的研究。贞观十二年（638年），虞世南去世，唐太宗无人论书，魏征推荐他为太宗搜集整理二王书法，著成《右军书目》。他的书法前期古朴方整、结体宽博，带有浓厚的六朝遗风，且受隶书

影响，以《伊阙佛龛碑》和《孟法师碑》为代表。后期则发生较大变化，创造了绰约婀娜、遒逸婉媚的风格，代表作是《雁塔圣教序碑》。《孟法师碑》立于贞观十六年（642年），碑已不存，唐拓孤本存于日本，李宗翰认为此碑"遒丽处似虞，端劲处似欧，而运以公隶遗法，风规振六代之余，高古近二王以上"，评价极高，指出他的书风融合各家优势，独创一格。《书概》也评他的《伊阙佛龛碑》"兼有欧虞之胜"，米芾《续书评》认为他的《雁塔圣教序》"别有一种骄色"，这些评价高度赞扬褚遂良的书法成就，特别指出他集隋唐书家之大成，自成面貌。

褚遂良书风融汇钟繇、王羲之、欧阳询、虞世南各家之长，一时风靡天下，陶铸有唐一代，其影响深远，经久不衰，成为一代书法大师。

张旭善狂草

张旭，唐书法家。字伯高，吴郡（江苏苏州）人。工书，精通楷法，草书最为知名，逸势奇状，连绵回绕，具有新风格。

继二王今草血脉，初唐草书一直处在酝酿蓄积阶段，欧、虞、褚、薛诸家虽以楷书名世，同时也有行草佳作，孙过庭师法二王，所著《书谱》，亲笔草书文稿，笔势坚劲流畅，墨法清润，所谓"千字一类，一字万同"，已表现出唐草新意。活动于开元年间的大书法家张旭在今草基础上发展而为狂草，怪怪奇奇，超出王氏畦畛之外，与张芝、王羲之同为后世草书楷模。诗人杜甫《饮中八仙歌》称"张旭三杯草圣传，脱帽露顶王公前，挥毫落纸如云烟"。传说他作草书从担夫争道、鼓乐吹唱中感悟笔意，"又观公孙大娘舞剑器，然后得其神"，故他的草书融铸心灵慧悟和对自然万物的体验，极富创造性，所谓"变动犹鬼神，不可端倪"。宋宣和内府收有张旭狂草《古诗四帖》五色戕一卷，原著录置为谢灵运名下。明董其昌加以考

唐张旭《郎官石记序》。为张旭传世的唯一楷书作品。

唐张旭《古诗四帖》（部分）。此卷是张旭以五色彩笺草书古诗四首，前两首书写的是梁庾信的《步虚词》，后两首是谢灵运的《王子晋赞》和《岩下一老公和四五少年赞》。此卷书法气势奔放纵逸，笔划连绵不断，且字形化丰富。

辨，鉴定于张旭草书真迹，为海内孤本，尤为珍贵，今藏辽宁省博物馆。张氏草书还有西安碑林的《肚痛帖》。类似张氏的狂草风格，今在敦煌103窟盛唐维摩诘像壁上发现有狂草书屏，可以得知张氏狂草书风在盛唐时期已经相当流行。

张旭以"草圣"名世，兼能楷书。《广川书跋》称他的楷书"备尽楷法，隐约深严，筋脉结密，毫发不失，乃知楷法之严如此。夫守法者至严，则出乎法度者至纵"。上海博物馆藏拓本《郎官石记序》是张旭传世的楷书孤本，原石久佚，全篇楷书疏朗淳雅，凝重舒合，风格近似虞、褚。张氏书法，一人而二面，楷书"至严"，草书"至纵"，似乎不相调合，这其中的道理苏轼给予了形象的阐述，"长史草书，颓然天成……今世称善草书者，或不能真行，此大妄也。真生行，行生草。真如立，行如行，草如走，未有未能行立而能走者也"。苏轼此话出自实践经验，可作张旭真草二体殊异的注解。

怀素去世

唐贞元元年（785年），著名书法家、僧人怀素去世，享年60岁。

怀素，本姓钱，字藏真，长沙（今湖南长沙）人。他热爱书法艺术，虚心求教，勤奋刻苦。史书上载，他因为练字而写坏的秃笔可以堆成一个小土堆。为了练字，他还种植了许多芭蕉，用蕉叶代纸。

怀素的书法以"狂草"著称。他继承了和发展了张旭的风格，二人并称

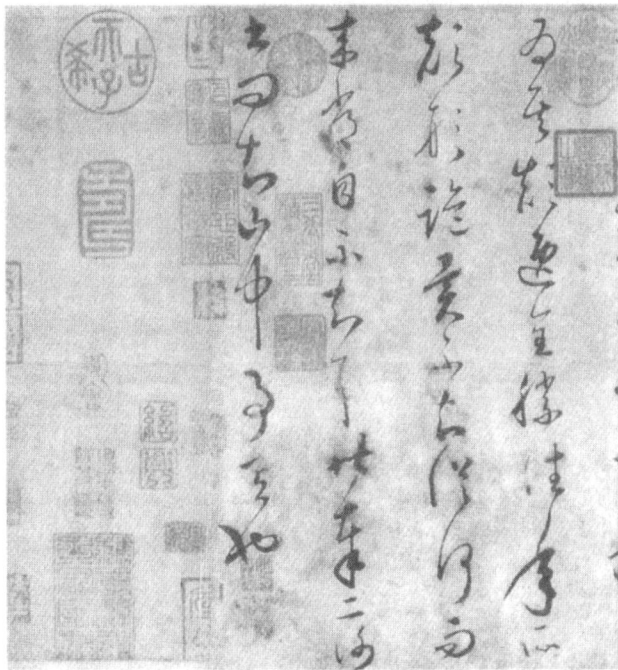

释怀素《论书帖》

为"颠张醉素"。怀素喜欢饮酒，喝到兴头上，运笔书写，写出的字如同飞动圆转，好似骤雨旋风，虽然有许多变化，却不失一定的法度。

怀素的书法开了一代新风，对后世有巨大的影响。他的存世书迹有《自叙》《苦笋》等帖。另外《四分律开宗记》也是他所著。

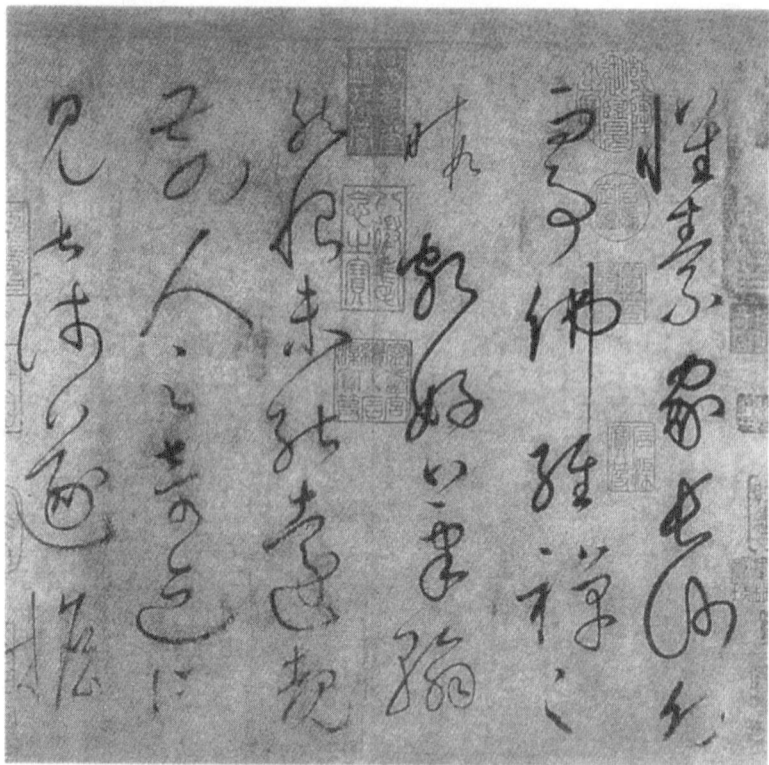

释怀素《自叙帖》。纸本。怀素擅长草书，性疏放不拘细行，酒酣兴发，遇寺壁里墙、衣服器皿无不书写。《自叙帖》为狂草，用笔宛转自如，刚劲有力。字的形体结构极富变化，是怀素狂草的代表作品。

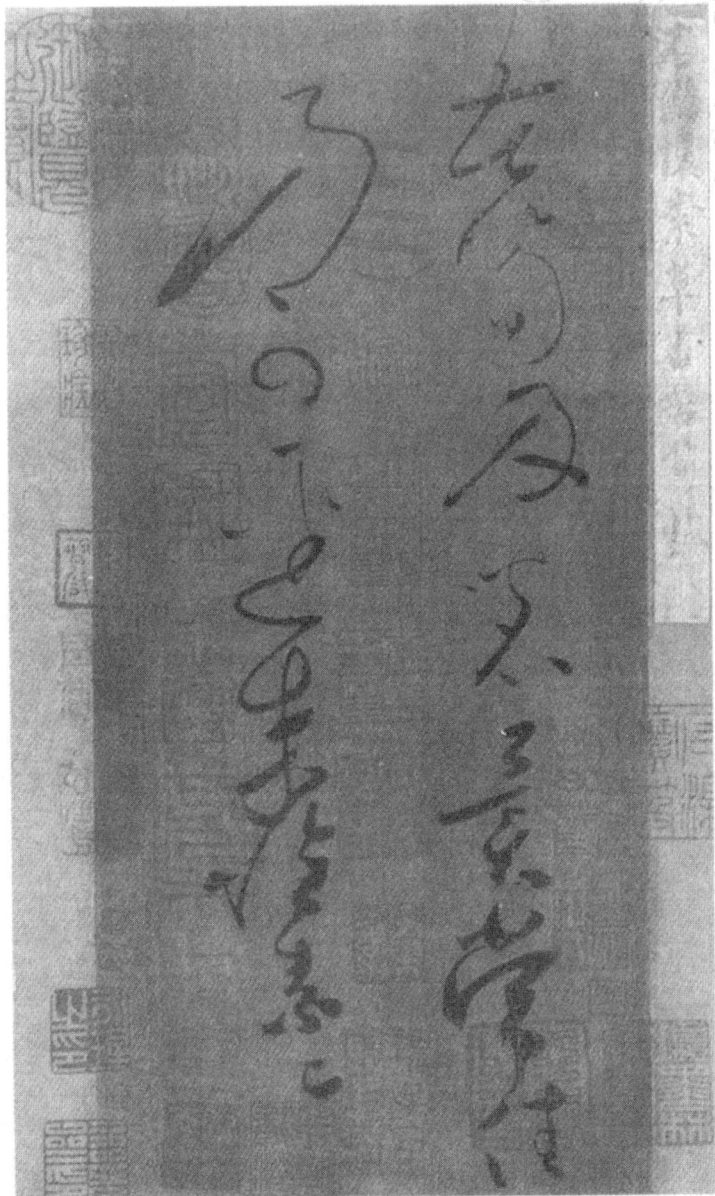

释怀素《苦笋帖》。怀素与张旭齐名，时称"颠张狂素"。

颜真卿书法登峰造极

唐代书法可称中国书法艺术发展史上的顶峰，颜真卿是其中最具成就的杰出代表。颜氏书法堪称登峰造极。

颜真卿《裴将军诗》（忠义堂帖）

大唐西京千福寺多寶佛

塔感應碑文

南陽岑勳撰 朝議郎

判尚書武部員外郎琅

邪顏真卿書 朝散大

颜真卿《多宝塔感应碑》

颜真卿《颜氏家庙碑》。为颜真卿72岁时所写，书法丰美健壮，气韵醇厚，是颜体代表作，素来被誉为中国书法艺术之珍品。

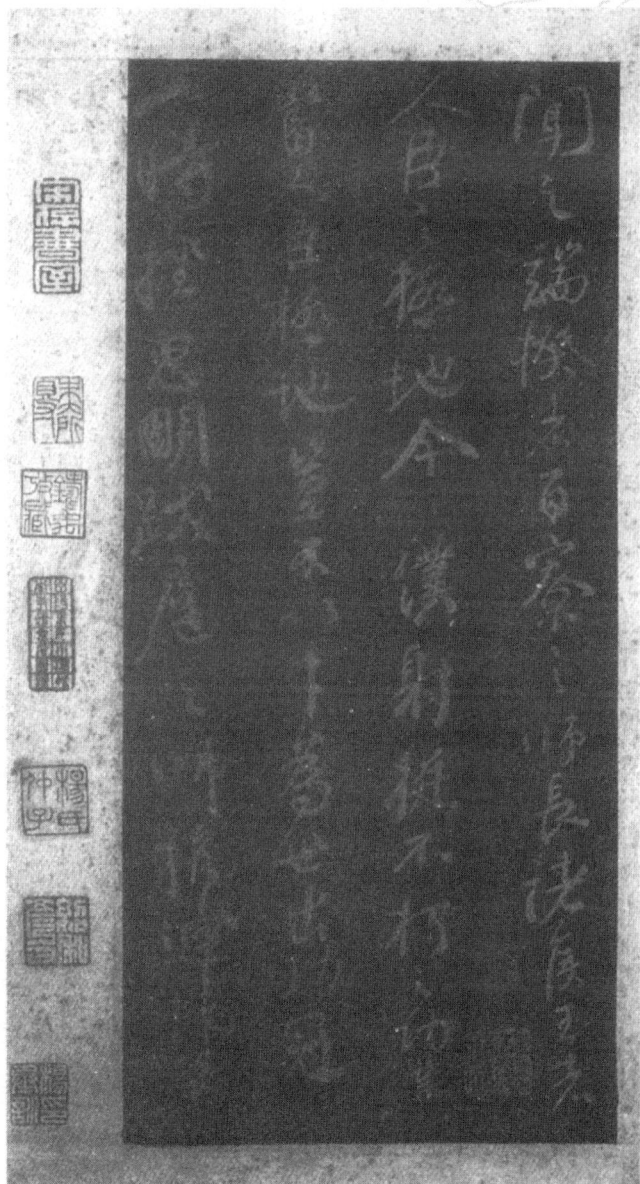

颜真卿《争座位帖》，是颜真卿与郭仆射的书信稿，行草书。

颜真卿《中兴颂》。《中兴颂》摩崖书体雄秀独出，气势豪迈。宋欧阳修《集古录》说此崖刻石"书字尤奇伟而古雅"。清王世贞评曰："字画方正平稳，不露筋骨，当是鲁公法书第一。"

　　颜真卿（709年—785年）字清臣，京兆万年（今陕西西安）人，祖籍琅琊临沂（今山东临沂）。开元进士。任殿中侍御史。为人刚正不阿，被杨国忠排斥，出为平原（今属山东）太守。安禄山叛乱，他联合堂兄抵抗，被推为盟主，合兵20万，使禄山不敢急攻潼关。历官至吏部尚书、太子太师，封鲁郡公。人称"颜鲁公"。德宗时，李希烈叛乱，他被派前往劝谕，为希烈缢

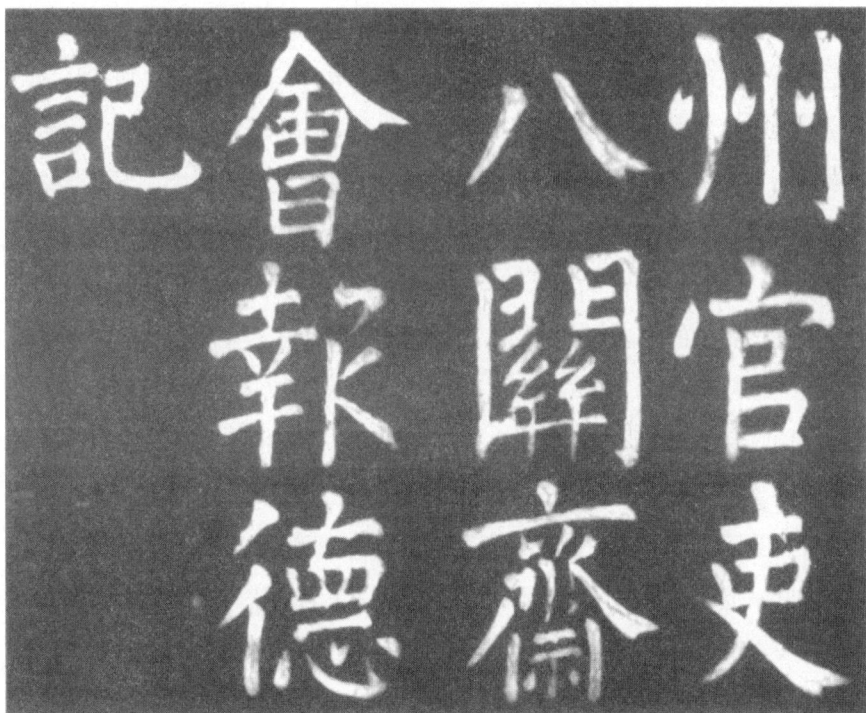

颜真卿《八关斋会报德记》

死。颜氏自幼勤奋好学，颇具文学才华，后人辑有《颜鲁公文集》。

颜真卿书法早年受家庭和外祖家殷氏影响。初学褚遂良，后师事张旭，深得张氏书法之精髓。他又广学博引，从历代名家蔡邕、王羲之、王献之等书法作品中汲取养分，勤学苦练，融会贯通，创造了出类拔萃、雄伟刚劲、气势磅礴的独特风格，自成一体，被称为"颜体"，终成书法大家。他的楷书端庄雄伟、气势开张。用笔横轻竖重，笔力雄劲而有厚度。竖笔向中略有弧度，刚中有柔，富有弹性，力足中锋。结构方正茂密，方中有圆；行书遒劲郁勃、凝练浑厚、纵横跌宕，用笔气势充沛、巧妙自然。使古法为之一变，开创了新风气，对后世影响很大。与稍后的柳公权并称颜柳。因颜真卿书法筋力丰满、气派雍容堂正，而柳公权书法曾受颜氏影响，偏重骨力刚健，故又有"颜筋柳骨"之称。颜真卿书法理论，传世的有《述张长史笔法十二意》。

颜真卿传世的书法作品较多，但真伪难辨。除《祭侄季明文稿》被公认为真迹外，其余《竹山堂联句诗帖》《自书告身帖》《刘中使帖》《湖州帖》等作品真伪尚有不同意见。颜氏一生书写碑石极多，保存至今的有：端庄整密、秀媚多姿的《多宝塔碑》、清远浑厚的《东方朔画赞碑》、端正遒劲的《谒金天王神祠题记》、雄伟健劲的《藏怀恪碑》、雍容朗畅的《郭家庙碑》、富有韵味的《麻姑仙坛记》、开阔雄浑的《宋璟碑》（又名《宋广平碑》）、气象森严的《八关斋报道记》、雄沉深厚的《元结碑》、持重舒和的《干禄字书》、遒劲有力的《李玄静碑》等。摩崖石刻《大唐中兴颂》为颜真卿最大的楷书，字体方正平稳，筋骨深藏不露。《颜氏家庙碑》与1922年出土的《颜勤礼碑》书法筋力丰厚，雄迈严整，为晚年代表作品。

颜真卿书法法帖很多。历代汇集的丛帖多有颜氏作品。单帖有《争座位帖》、《奉使帖》、《送裴将军传》、《小字麻姑仙坛记》、《送刘太冲叙》等，内中最为著名者为《争坐位帖》。此帖为作者手稿，随手挥毫，跌宕起伏，笔墨淋漓尽致，为不经意之杰作。宋刻《忠义堂帖》则专门汇集颜真卿书法法帖，共收作品 45 种，仅传浙江省博物馆藏宋拓孤本。

颜真卿书法集古今之大成，在中国书法发展史上起到了承上启下的作用。是中国书法艺术的瑰宝，在中国书法发展上具有里程碑式的意义。

柳公权创柳体字

晚唐时期，书法大家柳公权创立新体，世人名之柳体，柳体在书法史上的地位与颜体相当。世称二人为"颜柳"。

柳公权（778年—865年），字诚悬，京兆华原人，他幼年好学，十二岁即能吟诗作文，被人誉为神童。唐玄宗元和初年，柳公权进京赶考，金榜题名考中进士。

柳公权的字始学二王，几年之后遍习隋唐以来各家的笔法，作品既具有魏晋人的风貌，又吸取了隋唐各大家特点。他擅长真行草，特别是对楷书的研究，功力深厚。他早年的楷书已经取得卓著成就。后来，他进一步揣摩、研究颜体的笔法，融会成体势劲媚、法度谨严、方圆兼施、富有变化而自成一体的柳体，从而在书法史上奠定了自己的地位。

后人对柳字评价甚高。"书本出于颜，而能自出新意"、"顿挫鲜明，较颜字瘦硬，比欧字雄奇"，岑宗旦评柳书时说："柳公权得其劲，故如辕门列兵，森然环卫"，人称"颜筋柳骨"。柳体字注重骨力，在转折、顿接处显出锋棱，结构紧密，在雄浑厚实中见锋利，在严谨中见开扩，刚劲挺拔。

"字如其人"。史册载，柳公权为官清廉，秉性刚直，不为恶势力所屈，有极好的品德和极高的声誉，能创立柳字，非属偶然。晚唐书法经历盛中唐以后，盛极而衰，柳公权如一匹精悍之马，驶入书林，为后人留下许多碑帖。

传世的《金刚经》刻石，是柳氏中年所书，原刻置西明寺。《旧唐书》本传说："上都西明寺金刚经碑，有钟、王、欧、虞、褚、陆之体，尤为得意。"唐拓孤本发现于敦煌藏经洞，现珍藏于法国巴黎图书馆。《李晟碑》书于52岁，《书概》谓出自欧氏《化度寺》，现藏西安碑林。《玄秘塔碑》出自颜氏

大達法師玄秘
塔碑銘并序
江南西道都團
練觀察霍置等

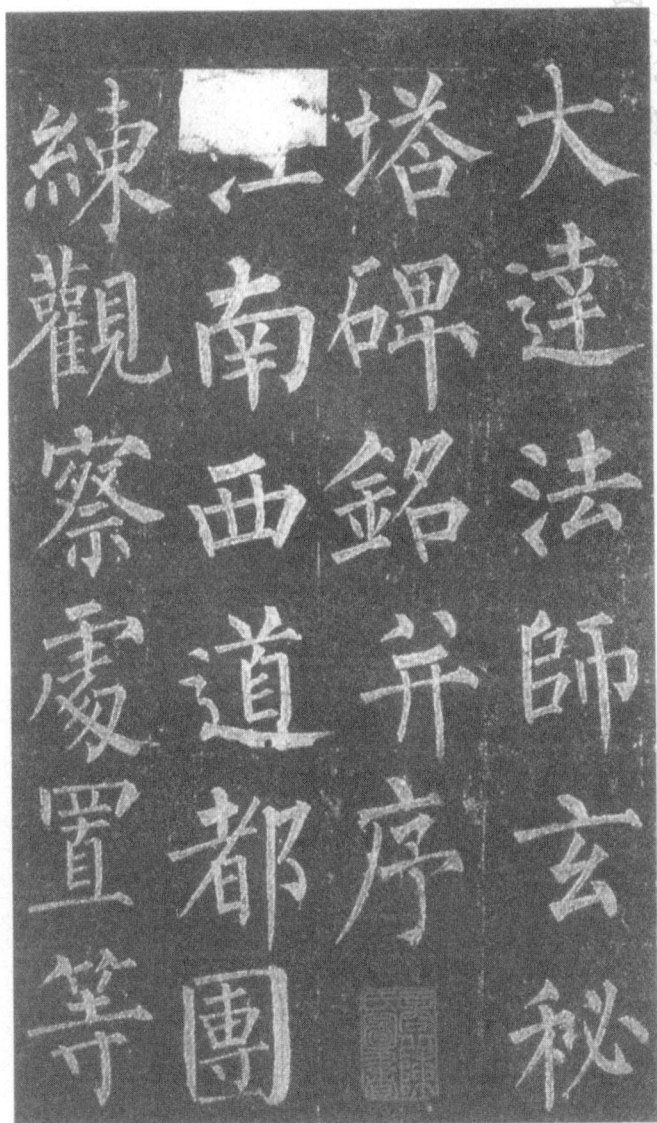

柳公权《玄秘塔碑》

柳公权《神策军碑》

柳公权《回元观钟楼铭》。柳公权，初学王羲之，后遍阅唐初诸名家书法，而得力于欧阳询、颜真卿，笔力雄健，自成一家，与颜真卿一起开创了我国书法艺术史上一代新风，世有"颜筋柳骨"之称。

《郭家庙碑》，裴休撰文，为 64 岁时书，代表了柳字的典型风格，是后人学习楷书的入门范本。《神策军碑》和新发现的《回元观钟楼铭》均为柳书的杰出作品，柳公权的行书墨迹以《蒙诏帖》为代表，书从颜氏《刘中使帖》,《祭侄文稿》而出，煊赫名迹，气势夺人，清帝乾隆题称"险中生态，力度右军"，显示出书者深厚的功力和柳书的本色，为历代学家、书家所重。

柳公权的书法在当时已非常贵重，王公贵族在刻碑时如果求不到柳氏手书便会被认为不孝。外邦使者也纷纷重金求购他的墨迹。后代书法家更是重视柳体字，将之与颜体字相提并论，成为楷书的范本。

郭忠恕编《汗简》

977年，宋代文字学家、画家郭忠恕（？—977年）逝世。

郭忠恕，字恕先，河南洛阳人。小时候聪明伶俐，7岁应童子科及第。后周时被召为宗正丞兼国子书学博士。960年，他因酒后在朝廷上与监察御史符昭文争论，御史弹劾，他竟叱责御史，撕碎奏文，被贬为乾州司户参军。作参军时，又因酒后伤人，擅离贬所，被发配灵武。他后来往返于陕西、河南之间，以画艺游食于公卿富贵家。宋太宗即位后，也召他去做官，后终因贪杯自误而丧命。郭忠恕善画山水，尤工界画，他的界画以准确、精细著称。传世作品为《雪霁江行图》。郭忠恕多才多艺，擅长篆、隶书，精通文字学。

郭忠恕对中国文字学的最大贡献，就是编成其专著《汗简》。北宋初年，郭忠恕着重于"六国文字"的搜集和整理，著成了第一部整理"六国文字"的专著——《汗简》。"六国文字"实际是战国时代秦以外东方各国使用的书写文字，这种文字主

《雪霁江行图》，郭忠恕画。

要书写于经传古籍的抄本。《汗简》此书名取典于古人所谓"杀青",即用火烤竹,把水分蒸发掉,便于书写和保存,表明作者搜集的文字主要来源于古代简册。

《汗简》所搜集的古文来源于《古文尚书》《古周易》等71种古籍和石刻材料,所取字数不等,有的近五百,有的只一个。该书体例完全遵照《说文》,按540部排列文字,正文为摹写的古文形体,各种异体尽量列出,释文用楷写今体,不作隶古定,每个字都注明出处,详尽有致,便于查寻。

该书在当时受到极大重视,夏竦(985—1051)曾以它为基础,撰《古文四声韵》五卷,并在书中收录若干青铜器铭文,开宋代搜集研究金石文字的先河。但宋以后,许多学者就因所收字形无从核实,所收字体又较怪异,既与出土的青铜铭文不合,又有大批不能从《说文》中找到根据,以及不少改变《说文》所从部首,而另从郭氏自定部首等对《汗简》提出了怀疑、非议。《汗简》因此不被文字学界看重。

随着大量战国文字材料的出土面世,该书的价值日渐揭晓。现已成为识读战国文字的重要参考材料。

徐铉、徐锴解《说文》

隋唐时代，朝廷盛行以诗赋取士，不以经学、字学为重，并确定楷书为正体，以小篆为主体的文字学开山之作《说文》，逐渐不被重视。唐代宗大历年间，书法家李阳冰根据己意，排斥许慎说解，将《说文》乱改一通。从此，许慎原本不见，改本盛行。

直至南唐末年宋初徐铉、徐锴兄弟（世称"大小二徐"）才对《说文》深入研究，精细校订，逐渐恢复了许书的原貌，使说文之学从此兴盛。

徐锴（920年—974年），字楚金，扬州广陵（今江苏扬州）人。南唐时历任屯田郎中、知制诰，集贤殿学士。他著的《说文解字系传》40卷，是《说文》最早的注本。

徐锴在疏证许说时，对许书中对形体说解不明的加以说明；对许书本义训释令人费解的，用浅近的语言疏解，并引书例作证，还将有些本义训释较笼统的，用词义比较法使其具体化；根据许书本义推阐字的引申义；根据许书义说明文献用字中的假借现象；运用因声求义的方法，探求字的命名取义由来。可见他的注释，不仅疏证了《说文》训释中的费解笼统之处，便于后人学习研究，而且还以《说文》的训释为基础，推求引申，辨析假借，探究字源，屡有创见，对文字学史和训诂学史贡献很大。

徐锴的哥哥徐铉（916年—991年），字鼎臣，初仕南唐，后归宋。宋太宗雍熙初奉诏与句中正等人校定《说文解字》，于雍熙三年（986年）校完付印，与徐锴的《系传》"小徐本"对称，称为"大徐本"。

大徐本主要刊正《说文》在流传过程中出现的讹误，恢复许原本的面貌。所附雍熙敕牒说明了校定的缘由："许慎《说文》起于东汉，历代传写，讹谬实多。六书之踪，无所取法。若不重加刊正，渐恐失其源流。"

大徐本对《说文》原文作了精审的校勘，增加了简要的注释（其中系引徐锴的说法），对时俗通行的别体俗字，详加辨正，还统一改用孙缅《唐韵》的反切，改变了《说文》传本增本注音的混乱情况。另外，大徐本将增收的402个许慎未收的经典用字，加上注释列于每部之末，称为"新附字"。

大小徐本都把许慎原来的十五篇各分上下，为30卷，对《说文》的整理和研究在文字学史上具有特殊重要的地位。小徐本继往开来，从理论和实践上奠定了说文学的基础，大徐本校定《说文》、恢复《说文》面貌，使学有所本，成为至今通行的范本。

苏轼开拓宋词·豪放派词风出现

苏轼（1037年—1101年），北宋文学家，"唐宋八大家"之一。

苏轼在词的发展史上是开一派先河的大家。他以舒展豪放、大气磅礴的作品，在北宋词坛上树起了标志历史进程的丰碑。

北宋的一些著名文人都有比较远大的政治抱负，他们不满晚唐以来萎靡的文风，掀起了诗文革新运动，波澜所及，也给词坛带来了一些新气象。在范仲淹、欧阳修的部分词作中，已显露一些豪放之气，王安石亦明确反对依

《东坡扇图》，明代周臣画，描绘求诗于东坡成为当时士大夫阶层的风雅。

苏轼《赤壁赋》局部

声填词的作法。苏轼志向高远，文名早播，不甘袭蹈前人窠臼，他的艺术才华也使他能在新的天地里纵横驰骋，于是他的词便出现了一番前所未有的恢宏气象。

苏轼首先在词的题材上开疆拓土，扩大了词反映社会生活的范围，提高了词的意境，使词成为一种独立发展的新诗体。广至大千世界，深至个人内心，举凡记游、怀古、说理、感旧、田园风光、贬居生涯，苏轼都一一纳入词中，使原先局促黯淡的词境豁然开朗，为宋人开辟了一块可在其上与唐人诗歌方面的成就争雄竞胜的天地。《念奴娇·赤壁怀古》和《水调歌头·丙辰中秋》这两首词集中体现了苏词的思想艺术成就。前一首描绘了赤壁古战场的雄奇景色和三国风流人物的辉煌往事，给人以沉雄壮观之感；后一首纵笔天上人间，融人生问题于宇宙问题之中，化解了个人的悲欢离合，表现出对现实生活的热爱。这两首词笔涉天地古今，境界开阔高远，既抒写了个人的失意惆怅，又表现出旷达超脱的情怀，一改词流连于"花间"、"樽前"的旧传统，展示了雄浑豪放的格调和社会人生的广阔领域。在苏轼手中，词这种文学形式几乎是"无意不可人，无事不可言"。他留下的300多首词中，有"会挽雕弓如满月，西北望，射天狼"的豪情，有"拣尽寒枝不肯栖"的孤傲，有"长恨此身非我有"的烦恼，有"一蓑烟雨任平生"的潇洒。《浣溪沙》五首中，更展现了一幅清新的农村生活风俗画。这些都是前人词中少见的。

苏轼作词不拘一格，挥洒自如。他一方面创造性地"以诗为词"，将写诗的豪迈气势和遒劲笔力贯注词中，吸收化用陶潜、李白、杜甫、韩愈等人的诗句入词，一变前代词人镂金错采的风尚；一方面尝试用散文的句法写词，在词中发议论，偶尔兼采史传、口语，给人以清雄之感。他重视音律，但为了充分表达意境，有时放笔直书，突破了音律上的束缚。这一切使得他的词结构变化多端，写景、抒情和议论融为一体，有巨大的艺术表现力。

苏词的豪情逸气，影响到后来南宋的张孝祥、辛弃疾，开创了词坛上的一个重要流派。

苏轼反对变法

熙宁二年（1069年），王安石的改革遭到保守派的反对，连当时以稳健为主导思想的苏轼也加入反对派行列。

王安石变法主张加大法制建设，向全国推行新法，而苏轼却认为应择吏任人，反对"立法更制为事"。王安石认为解决国家财政亏空的办法是多方筹集资金，"广求利之门"，而苏轼则强调节约开支，减少浪费，"节用以廉取"。他一直强调稳重改革，反对王安石的过于急进，认为"欲速则不达"，"轻发则多败"。因此，他连续上书朝廷，反对变法。朝廷拒绝了他的建议，于是他请求外调，被陆续调往杭州、密州、湖州出任地方官。

神宗驾崩后，哲宗继位，由于年幼，高太后主掌朝政，任用司马光改革，由于司马光废除免役法，改用差役法，又引起苏轼不满，使旧党对他感到怀疑，再次将他排挤出京。

绍圣元年，哲宗亲政，再次启用新党，苏轼遂又成为新党打击的对象，政治上还是不得势，被朝廷流放岭南之地，先是英州（今广东英德），后是惠州，最后到了儋州（今海南儋县）。直到宋徽宗即位（1101年），才被赦免北上，可惜年事已高，未及京城，就半途殁于常州。

苏轼的一生，虽然在文学创作上得到了颇大的声誉，但在政治抱负上却屡不得志，既与激进的改革发生分歧，又与保守的旧党互为抵触，虽然在任地方官时有所政绩，但范围太窄，未能有机会在全国范围内加以推广，引为至憾。

王韶破吐蕃

王韶于熙宁初曾上《平戎策》，主张"欲复西夏，当复河湟"。

熙宁五年（1072 年），王韶担任秦凤路安抚使后，派兵进攻武胜关（今甘肃临洮），出其不意地偷袭西夏军队，西夏军大败而逃，守武胜关的吐蕃大将瞎药等逃亡，宋军轻而易举地攻占了武胜关。

熙宁六年（1073 年）春，吐蕃岷州（今甘肃眠县）大首领瞎吴叱侵入临江、洮山寨（今甘肃宕昌县境）等地。瞎吴叱是吐蕃首领木征的弟弟，世世代代居住岷州，虽然广有部落，但毫无节制可言。王韶收复河州（今甘肃东乡东南）后，迅速领兵进讨瞎吴叱，瞎吴叱和木令投降了王韶，并献出了岷州城。王韶入城后，瞎吴叱等二人各献大麦一万石、牛五百头、羊二千只犒劳宋军。王韶夺取岷州后，率军继续前进，进攻宕州（今甘肃宕昌），迅速攻陷了州城，打通了通往洮山的道路。其后，王韶又分遣军队在绰啰川大败蕃部青龙族，又开通了通向熙州（今甘肃临洮）的通道，于是吐蕃叠州（今甘肃迭部）守部钦令征、洮州（今甘肃临潭）守将厮郭敦都相继投降王韶，并献出了城池。王韶率军征讨五十四天，收复五州之地，深入蕃部腹地，开拓了从临江寨（今甘肃宕昌）至安乡城（今甘肃东乡西北）的一千余里领土，斩杀蕃部士兵三千余人，俘获牛、马、羊数量不可胜计。王韶也因收复失地有功而被召为枢密副使。

苏轼被贬

元祐四年（1089 年），苏轼再度来到杭州，出任杭州知事。

苏轼曾两度出任杭州（今浙江杭州）的地方官，任职期间，他尽心尽力，将杭州治理得井井有条。一次是在熙宁五年（1072 年），一次是在元祐四年（1089 年）。杭州西湖，不仅是当时城内居民的饮用水，也是灌溉田地的重要水利工程。入宋以后，由于久不治理，湖面越来越小。苏轼鉴于这种情况，下决心整治西湖，为杭州人民造福。元祐五年（1090 年），苏轼向朝廷起草一个开浚西湖的报告，要求朝廷拨款，然后利用本州开支所节余的一万贯钱和一万石米，开始治理西湖；同时还抽调本州士兵五百人参加这一工程。工程开工后，苏轼每隔一天便亲临西湖工程工地，亲自监督工程的进展情况。辅佐苏轼完成这一巨大工程的主要有三人，即两浙兵马都监刘季孙、监杭州商税苏坚和钱塘县尉许敦仁。在他们的通力协作下，工程进展相当顺利，西湖上原来有一条自东向西的长堤，苏轼治理西湖时，重新筑起一条南北向的长堤，长堤修建了六座桥梁。堤上栽种柳树、芙蓉等，杭州人称之为"苏公堤"，这一工程总共历时四个月完成。

黄庭坚开新书风

黄庭坚在运笔、风格上变更古法，追求书法的胸怀、意境，开拓了一代书风。他对书法艺术的独到思想大多集中在《山谷集》中。他反对食古不化，强调从精神上对优秀传统的继承，强调个性创造，注重心灵、气质对书法创作的影响。在风格上，反对工巧，强调生拙。他的书法思想对后世影响颇大，并且这些思想，都可以与他的创作相印证。

黄庭坚学书三十年，初以周越为师，晚得苏才翁、子美书观之，于是得古人笔意，其后又得张长史、僧怀素、高闲墨迹，乃窥书法之妙。他对颜真卿、杨凝式也十分推崇。讲究用笔方法，说"字中有笔，如禅家句中有眼"，"用笔之法，欲双钩回腕，掌虚指实，以无名指停笔，则有力"。他的书法纵横奇倔，波澜老成，结构中宫紧集，长笔肆意伸展作辐射状，豪荡而富有韵味，用笔疾中有涩，长划与撇捺时而出现战笔。

黄庭坚的书法，小字行书《婴香方》、《王长者墓志稿》、《泸南诗老史翊正墓志稿》等为代表，书法圆转流畅，沉静典雅。大字行书有《黄州寒食诗卷跋》、《伏波神祠字卷》、《松风阁诗》等，都是笔画遒劲挺拔，而神闲意浓。草书有《李白忆旧游诗卷》、《诸上座帖》等，结字雄放瑰奇，笔势飘动隽逸，在继承怀素一派草书中，表现出黄书的独特风貌。

值得一提的是黄庭坚的草书成就。宋四家中蔡、苏、朱都擅长行书，而黄庭坚草书雄视当代，是继张旭、怀素之后宋朝最重要的有创造性的草书大家，沈周称他为"草圣"。《李白忆旧游诗帖》多用侧锋，《诸上座帖》中锋与侧锋并用，笔法变化丰富，帖中重复的字很多，开首一连七个"执着"，写来不觉雷同，中间一段行笔加快，末段渐收，多用中锋，加强苍劲之力。此外

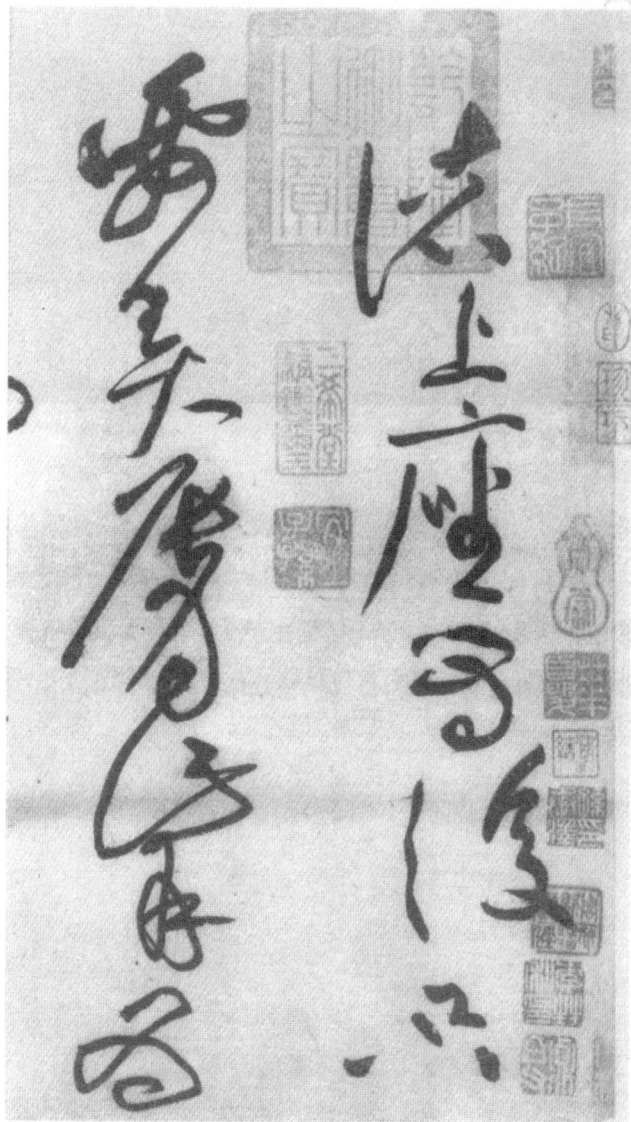

黄庭坚《诸上座》草书作品

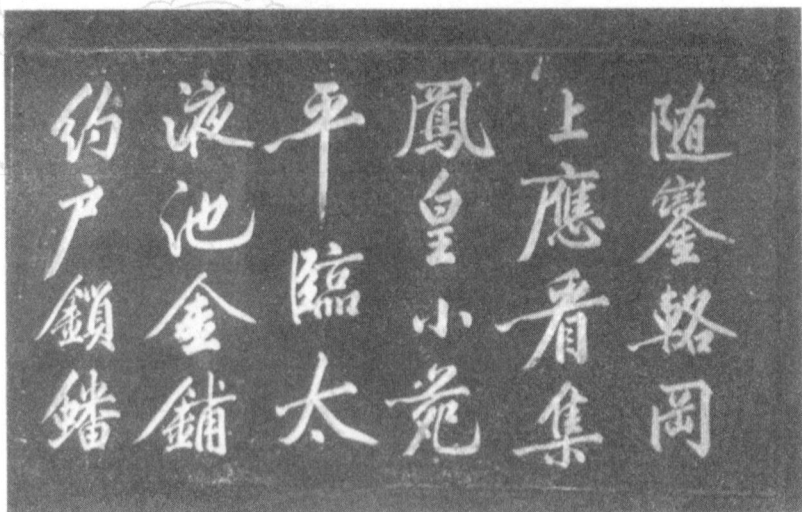

黄庭坚《李白忆旧游诗卷》书法作品

如"点"的书写，也是有独到之处的，在全篇中有画龙点睛之妙。

黄庭坚在绍圣年间（1094年—1098年）得见怀素《自叙帖》，笔下顿觉超异，可见他能师出古人而有新意，最后自成风格开创了新的书风，成为我国书法艺术史上又一朵奇葩。

黄庭坚开诗歌新流派

北宋末期，黄庭坚在总结自己的诗歌艺术特点的基础上，形成了一套完整的作诗技巧方法，并开创了新的诗歌流派——"江西诗派"。

黄庭坚（1045年—1105年），字鲁直，号山谷，又号涪翁，洪州分宁（今江西修水）人，自幼聪颖过人，熟读经史百家之言论，宋英宗治平四年（1067年）考取进士，随后走上仕途，先后任汝州叶县（今属河南）县尉、北京（今河北大名）国子监教授，吉州太和（今江西泰和）县令，曾一度入宫为参详官，编修《神宗实录》，后受当权派迫害，被贬为涪州（今四川涪陵）别驾，黔州（今四川彭水）安置，最后被贬到宜州（今广西宜山），直到终年。

作为一个诗人，黄庭坚强调用词的精炼与准确性，每用一字，都要起到一定的震撼力，即所谓"用一事如军中之令，置一字如关门之键"。他的诗歌特点，在写景、遣怀、寄识等抒情诗中，无不用词精炼，抒情深浓，给人以美的享受。

黄庭坚在诗歌方面最主要的成就还在他开创了新的诗歌流派——"江西诗派"。江西诗派的主要代表人物除黄庭坚外，还有陈师道、陈与义等。江西诗派的主要理论观点是"夺胎换骨"、"点铁成金"，这是有关引用古人诗句的方法问题，即只能引用古人诗句以作陶冶之用，不能全盘照搬。要做到这一点，就必须作者本人自有主旨，"凡作一文，皆须有宗有趣"。对于理与辞的关系，他肯定以理为主，以辞为辅。"以理为主，理得而辞顺"。

江西诗派的另一个理论观点是：要求诗人在掌握艺术技巧的基础上，摆脱技巧的束缚，而自成一家。这一点对江西诗派的诗人影响很大，黄庭坚的诗以生新瘦硬见长，陈师道的诗则比较朴拙，陈与义的诗又趋向于雄浑博大。正是这一点各成一家的风格使得江西诗派在文学史占有重要的地位。

江西诗派到了南宋年间，在诗坛上的影响比北宋年间有过之而无不及，杨万里、陆游、姜夔在诗歌艺术上都受江西诗派的深厚影响。

苏轼去世

宋建中靖国元年（1101年）七月，一代文学大师苏轼在常州去世。

苏轼（1037年—1101年），宋代文学家、书画家。字子瞻，号东坡居士，眉州眉山（今属四川）人，与其父苏洵、弟苏辙合称"三苏"，均在"唐宋八大家"之列。宋嘉祐元年，苏轼赴京应试，中进士，因母丧，返蜀，嘉祐六年再次赴京，中制举科，随后开始为官。

苏轼的官场生涯颇为坎坷，神宗时，王安石变法，苏轼认为王的改革措施过于激进，由此被朝廷派到京外任地方官。王安石罢相后，旧党执政，他又不同意司马光废新法，引起旧党不满，再次受排挤。哲宗亲政后，新党又得势，苏轼再次成为新党的打击对象，被一贬再贬，由英州、

《东坡笠屐图》，描绘苏轼在海南岛头戴斗笠、脚踏木屐的生活。

惠州到儋州（今海南儋县）。元符三年（1100 年），宋徽宗即位，召苏轼北上，北上途中，苏轼染病身亡。

作为一代文学大师，苏轼很重视文学的生活来源和社会功能，认为文学创作要深深扎根于现实生活之中，还要重视文艺创作的技巧。他的文学成就是多方面的。主要表现在诗、词和散文方面，苏轼的诗作数量甚多，主要是抒发人生感慨和歌咏自然景物的诗篇。苏轼一生游历甚广，无一不在诗作中表现出来，不但有江南风景，如《望海楼晚景》等，还有江北风光，如《登州海市》等。晚年流放岭南后，在诗篇中留下了浓郁的岭南风情。苏轼擅长在诗作中借景抒情，或者揭露封建统治阶级的弊病，或者反映自己的怀才不遇之感。苏轼的词在北宋词坛上占有重要地位，他突破了晚唐词的软玉温香的樊篱，自成一派，开拓了新的词作道路。首先，他开拓了词的取材领域，"无意不可入，无意不可言"。其次，他将写诗的笔力引入词的创作中，并开始在词作中引入序言，开创了新的风格——"豪放派"。他的词除壮丽词外，也有一些反映男女情爱的风格婉约的佳作。

苏轼的文学创作在北宋文学史上占有重要地位。在他的影响下，黄庭坚、晁补之、秦观、张耒脱颖而出，成绩斐然，号称"苏门四学士"。

蔡京起用

徽宗建中靖国元年（1101年）十二月，蔡京复为龙图阁直学士，主持定州之政，从此开始了他最为飞黄腾达的一段仕途。

蔡京（1047年—1126年）性善投机和逢迎上司。他是熙宁三年（1070年）的进士，元祐初，司马光为相，尽废王安石新法，命令五天之内全国尽复差役法。当时大臣们都以时限太紧无法完成，只有蔡京如期在开封府所属各县改雇役为差役，因此深得司马光的赞赏。

绍圣初，章惇为相，复改差役为雇役，蔡京又紧紧追随章，为其出谋划策，重立雇役法。至徽宗即位，章惇失势，蔡京也被黜居杭州。这时，徽宗宠信的宦官童贯奉命去苏杭搜访书画工艺品，在杭州留连累月，蔡京日夜陪伴童贯嬉游，深得童贯欢心。知道蔡京擅书画，童贯就将蔡京书画的屏幛、扇带等直接送入宫中，并向徽宗美言推荐蔡京。童贯又教蔡京买通道士与宫人，在徽宗面前大讲蔡京的好话，并谓非拜蔡京为相不可。于是，对元祐党人本已有所疑忌的徽宗，就开始有意重用蔡京了。

建中靖国元年（1101年），蔡京被正式起用。这时，右相曾布与左相韩忠彦意见不合，曾布有意利用蔡京打击韩忠彦，也大力举荐蔡京。

到崇宁元年（1102年）三月，蔡京被召入京，任翰林学士承旨，兼修国史。不到三个月，又被任为尚书左丞。一个月后，即当年七月，蔡京终于爬上了梦寐以求的宰相之位，任尚书右仆射兼中书侍郎。此后20多年间，他共4次入相，任宰相共达17年之久，把持朝柄，专掌大权，做尽擅权误国之事。

蔡京设立元祐党人碑

宋崇宁年间，蔡京为相之后，为了报复元符末年曾弹劾自己的大臣，进一步打击迫害元祐旧臣及其同情者，遂打着崇奉熙宁新法的幌子，残酷地打击排除异己。

崇宁元年（1102年）九月，蔡京唆使徽宗将元祐年间反对新法的大臣和元符年间有过激言行的大臣，如文彦博、苏轼、秦观、张士良、程颐等共120人，尽列为"奸党"，请徽宗御书，镌石刻名，立碑于端礼门，这碑就叫"党人碑"。

次年九月，有大臣向徽宗进言，都城以下各州县不知元祐党人姓名，请在各地也立崇宁元年御书元祐党人碑，昭示百姓。

崇宁三年（1104年）六月，徽宗又下令重新籍定元祐、元符党人及上书反对绍述的官员，合为一籍。这些人包括曾任宰相执政官的司马光、文彦博、吕公著、范纯仁等27人，曾任待制以上官的苏轼、刘安世、范祖禹等49人，余官如秦观、黄廷坚等176人，武臣张巽等25人，内臣梁惟简等29人，连曾布、章惇等新党，统共309人，皆称"奸党"。徽宗亲自书录这些人的姓名，刻碑立于文德殿门东壁；蔡京的手书则刻石立于全国各州县，以颁布天下。

伴随党籍碑的树立，则是对党人的排挤压迫。第一次党人碑树立时，蔡京请将元符三年（1100年）时大臣所上的章疏进行清理登记，凡反对或不满新法、同情元祐旧臣的，一律列入邪等。结果列入邪等的542人均受不同程度的处分；崇宁元年（1102年）底至二年初，又将元符党人尽数贬逐到边远州郡，连原任蔡京幕僚、在蔡京为相后不愿投靠附和他的黄庭坚亦被除名编管。总之，碑上有名者，轻则贬官，重则流放，其子弟且不准在京及开封府内任官。

元祐党籍碑引起舆论的普遍不满。刻碑时有石工安民请辞役，不获准，又请免刻己名于碑上，以免遗讥后世。崇元四年（1105 年），九鼎铸成，徽宗籍此赦放元祐党人，准其徙近内地，但不准入京畿，邹浩、黄庭坚等 57 人都得赦内徙。五年（1106 年）正月，京师出现慧星，徽宗以为天警，遂毁元祐党人碑。直至大观二年（1108 年）才逐渐将元祐党人出籍，生者复原职，死者追复生前官职。但终徽宗一朝，元祐党人皆不获重用。

宋徽宗创瘦金体

赵佶不仅是画家，在书法上也有较高的造诣。清王文治《论书绝句》论述："不徒素练画秋鹰，笔态冲融似永兴，善鉴工书俱第一，宣和天子太多能。"赵佶书法学薛曜、褚遂良，创造出独书一帜的"瘦金体"，瘦挺爽利，侧锋如兰竹，与他所画工笔重彩相映成趣。

所谓瘦金书，是美其书为金，取富贵义，亦以挺劲自诩，与李煜诩其书为"金错刀"同一义。他传世的书法作品，楷书有《楷书千字文墨迹》、《皇帝辟雍诏》、《禾农芳依翠萼诗帖》、《大观圣作碑》；行书有《赐李邦彦诏》、《蔡行敕墨迹》、《崇真宫徽宗墨迹》；草书有《草书纨扇墨迹》、《草书千字文》。他的行、楷、草笔势挺劲飘逸，富有鲜明个性。

《秋芳依翠萼诗帖》，大字楷书，为宋徽宗瘦金书的杰作。笔法犀利，铁画银钩，飘逸劲特，正如帖后清陈邦彦跋文所述："宣和书画超轶千古，此卷以画法作书，脱出笔墨畦径，行间如幽兰丝竹，泠泠作风雨声，真神品也。"

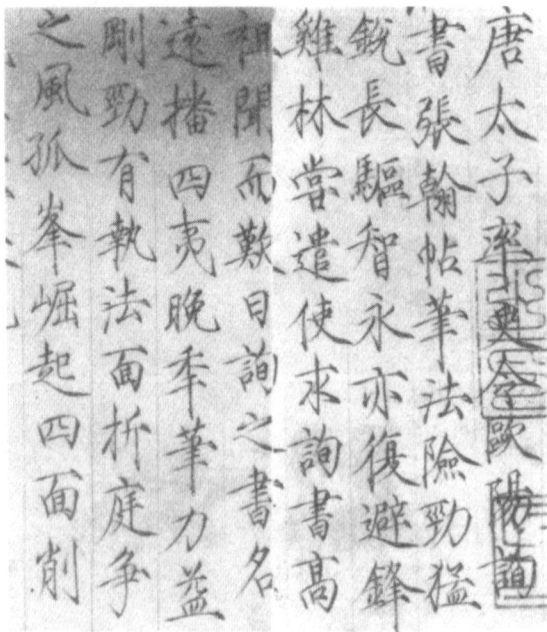

赵佶《赞欧阳询季鹰帖》书法作品

《草书千字文》是他40岁时所书。字写在3丈多的泥金云龙笺上。书承张旭、怀素，笔势流畅尖利，方圆转折强烈，所不同于楷书的是，此卷中也运用了一些粗笔，以增强其气势的对比，当然其细笔游丝仍是其绝技，所谓"细如丝发亦圆"，良笔佳纸也为书法更增加了几分神采。赵佶草书不多见，此洋洋千言的狂草，可见其功力之深，在宋人草书中也是落落不群。

　　宋徽宗的书法不免柔媚轻滑，这也许是时代和他本人的艺术修养所致，但他首创的瘦金体的独特的艺术个性，为后人竟相仿效。

陈师道追随黄庭坚

建中靖国元年（1101 年），北宋诗人陈师道去世。

陈师道（1053 年—1101 年），字履常，又一字无己，别号后山居士，徐州彭城（今江苏徐州）人。他家境贫寒，但专注于作诗，以苦吟求工著名。在诗歌创作上，他受黄庭坚的影响最深，并与黄庭坚一同开创了在宋代影响最大的江西诗派。

北宋中叶以后，百年以上的承平局面使得封建文化的积累、发展达到了一定的程度，而新旧党争的风险又使得有一定社会地位的文人疏远现实，埋首于书斋，以学问相高，以议论相尚。当时风靡一时的江西诗派正是"以文字为诗、以才学为诗、以议论为诗"（严明《沧浪诗话》），其代表人物黄庭坚的诗歌主要在书本学问和写作技巧方面争奇出新。他虽然推崇杜甫，但偏重学习的是杜甫晚年的学问工夫和艺术技巧。他在书本材料的运用上力求变化，多用冷僻的典故，喜押险韵、造拗句、作硬语，形成生新瘦硬的风格。陈师道自云"于诗初无诗法"，后读黄庭坚诗，爱不释手，遂追随其诗风，在创作上专致于艺术技巧，虽然摆脱了西崑体的形式主义，但又走上了另一条形式

黄庭坚《牛口庄题名卷》书法作品

主义的道路。

陈师道虽然以严谨的创作态度著称，但脱离现实，"闭门觅句"的创作方法使得他的诗歌缺乏社会内容和思想深度。他学习黄庭坚作诗讲究"无一字无来历"，但由于不如黄庭坚博学，在运用书本知识方面不够得心应手，往往将古句成语东拆两补，有时过分简缩字句，以致语言生硬，内容晦涩。与黄庭坚一样，陈师道亦追步杜诗，但由于生活圈子的局限，他的诗只在形式格律上有所肖似而无杜诗的沉郁雄健。他的五七言律诗学杜比较成功，如他苦心经营的《春怀示邻里》，将穷诗人被春光吸引、意欲出门赏花的日常生活情景反复渲染，字雕句琢，近似杜诗中的遣兴体格。他的刻意雕琢之作往往不能有效地表达内容，倒是有些表现手法较为平淡的诗，写出了真情实感，对黄庭坚"作意好奇"的偏向有所纠正。如《别三子》、《送内》、《寄外舅郭大夫》等篇，精神上接近杜甫的《鄜州》、《羌村》等诗。他的诗中也有少数恬淡有味或风流华美之句，如《绝句》中的"书当快意读易尽，客有可人期不来"；《放歌行》中的"春风永巷闭娉婷，长使青楼误得名。不惜卷帘通一顾，怕君著眼未分明。"这样的佳句可惜太少，而拗涩生硬之处常见。

陈师道是江西诗派的"三宗之一"，他在诗歌创作上的艺术追求颇有代表性，但形式、技巧上的精严终究弥补不了思想内容空虚所造成的缺陷。

黄庭坚去世

崇宁四年（1105年），江西诗派创始人黄庭坚去世。

黄庭坚（1045年—1105年），字鲁直，号山谷道人，晚年又号涪翁。黄庭坚擅长诗文，早年以文章受知于苏轼，与张耒、晁补之、秦观并称"苏门四学士"。黄庭坚论诗则推崇杜甫，讲究修辞造句、化故为新，因为黄是江西人，后来这一派诗人便被称为"江西诗派"。黄庭坚又善书法，行、草、楷自成一格，为宋书法四大家之一。

作为苏轼门人，黄庭坚不免仕途坎坷。他曾任蔡京幕僚，但因不肯附和蔡京而遭贬。绍圣初年，主持宣州（今安徽宣城）、鄂州（湖北武汉）之政。不久，又被贬为涪州（今四川涪陵）别驾、黔州（今四川黔江一带）、戎州（今四川宜宾）安置。微宗即位后，他继续屡遭贬斥，最后在羁管宜州（今湖北宜昌）时病卒。

他的著作有《豫章黄先生文集》、《山谷词》。

江西修水黄庭坚纪念馆

江西修水黄庭坚墓

蔡京被贬

蔡京为相后，恃宠擅权。崇宁五年（1106年），慧星出现，徽宗以为上天发怒，所以听从刘逵的建议，夜半遣黄门至朝堂，毁去元祐党碑。蔡京因此事顶撞徽宗，赵挺之等人又上奏论蔡过恶，于是罢免蔡京尚书左仆射之职，贬为中太一宫使，留居京师，而以张挺之为相，废除蔡京执政时所作所为。

不久蔡京托郑贵妃说情，反巫赵、刘为邪党，而得再度入相，任用私党，提拔己子。郑居中主掌枢密院，暗地里指使公卿弹劾蔡京，又买通方士，密奏日中有黑子，为宰相欺君之兆。于是，大观三年（1109年）六月，徽宗再次下诏罢去蔡京尚书左仆射的职务。但蔡仍得以留住京城，继续作威作福，而且在童贯协助下，不久又恢复了相位。

蔡京唯恐再遭谏官弹劾，遂想出一法，所有诏旨都由徽宗亲书，称作"御笔手诏"，如果违犯，即以"违制"论罪，至有不似御书者，群臣也不敢不遵行。朝野上下对蔡京不满日甚一日，而京畿一带又久旱不雨，并出现慧星，大臣们趁机再次群起弹劾蔡京。大观四年（1110年），宋徽宗迫于舆论及星变、天灾等原因，不得以将蔡京贬逐出京，居住于杭州。

宋徽宗崇道

政和三年（1113年）九月，赵佶（徽宗）尊崇道教，本月赐方士王老志号洞微先生，王仔昔号通妙先生。

赵佶崇奉道教，已达到了十分狂热的程度。政和七年（1117年）四月，他自称"朕乃上帝元子，为神霄帝君"，诏令道箓院册封他为"教主道君皇帝"。

他信用道士，给予优厚的待遇。四年（1114年）正月，置道阶，赐号先生、处士等，秩比中大夫至将仕郎，共26级。六年（1116年）正月，置方士林灵素号通真达灵先生。林灵素，温州（今浙江）人。少学佛，因不堪其师打骂，去而为道士。政和间，道士王老志死后，另一道士王仔昔又失去宋徽宗的宠信，经主管道教的大臣徐知常的推荐，徽宗召见了林灵素。林灵素一见徽宗，就大言不愧地宣称，天有九霄，而神霄最高，神霄玉清王是上帝的长子，主管南方，号称长生大帝君，这就是陛下。而林灵素自称是仙卿下降，蔡京是左元仙伯，王黼、童贯等也各有名号，都是上界下凡来辅佐徽宗治理天下的。当时刘贵妃深得徽宗宠爱，林灵素则说她是九华玉真安妃。徽宗听后大喜。政和六年（1116年）正月，赐林灵素号通真达灵先生，赏赐其大量财物，并将林灵素家乡温州改为应道军。次年十二月，加灵素号通真达灵元妙先生，张虚白通元冲妙先生，相当于中大夫，出入诃引，以至于与诸王争道，京城人称为"道家两府"。其徒美衣玉食者约有2万人。重和元年（1118年）十月，又置道官26等，道职8等。道士皆有俸禄，每一道观给田不下数百千顷。凡设大斋，往往费钱数万贯。

宋徽宗还大肆宣扬道教，提高道教的地位。政和三年（1113年）十二月，下诏求道教仙经于天下；四年（1114年）正月，下令置道阶二十六级、道官二十六等；六年（1116年），下令立道学、修《道史》；重和元年（1118年）八月，颁发《御注道德经》，九月，诏太学置道教各经博士等等。政和七年（1117年）四月，他还自称是神霄帝君下凡，讽谕道箓院册封他为"教主道君皇帝"，集天神、教主、人君三位于一体。从此，道教愈发兴盛起来，道教的地位被抬到空前的高度。

蔡京杂糅诸家

蔡京（1047年—1126年），字元长，兴化仙游（今属福建省）人。熙宁进士，官至尚书左丞右仆射，一生中三次入相四次当国，可谓仕途坦荡，官运亨通，然人品极低，窃弄权柄，恣为奸利，为"六贼之首"。曾亲笔写《元祐党籍碑》，诬陷忠良，为世人痛恨和不耻。

尽管如此，他在书法方面却颇有建树，长期研习，形成了自己独特的艺术风格。

蔡京的书法，字势豪健，严而不拘，尤长榜书大字，当朝题榜，蔡京所书甚多。蔡绦《铁围山丛谈》中说蔡京"始受笔法于君谟，既学徐季汤，末几弃去，学沈传师。及元祐末，见厌传师而从欧阳率更，由是学势豪健，痛快沉着，殆观圣间，天下号能书，无出其左右者。其后又厌率更，及深法二王，晚年叹右军难及，而谓中令去其他远矣。遂自成一法，为海内所宗焉"。

蔡京的书法已能排除苏米的影响。《宣和书谱》称"其字严而不拘，逸而不外规矩"。又长于大字，如《大观圣作已碑》六字行楷题款，意气赫奕，在宋人书中极属难得。

张丑诸人认为宋四家苏、黄、米、蔡中的蔡本来为蔡京，后因恶其人而换为蔡襄。但从书法成就来看，无论当时或后世，推崇蔡京的不及蔡襄。有人认为，蔡京品恶，姑且撇在一边，以书法而论，出入"二王"，有严谨宽博、豪纵之气，但比蔡襄显然逊色甚多。

杨万里创诚斋体

杨万里（1127年—1206年），字廷秀，号诚斋，吉州吉水（今属江西）人，世称诚斋先生，南宋杰出诗人，诗与尤袤、范成大、陆游齐名，号称"中兴四大诗人"。

杨万里于绍兴二十四年考中进士，曾任秘书监，官至宝谟阁学士。他秉性刚直，屡次上疏指责朝政，忤逆权相韩侂胄，罢官家居15年，忧愤而死。

杨万里的诗初学"江西体"，中年后焚尽所作千余首，转而学王安石及晚唐诗，终于独立门户，自成一家，时年51岁，时称"诚斋体"。

诚斋体的形成，与杨万里提倡的"活法"有关，立足点是师法自然，善于捕捉稍纵即逝、转瞬即改的自然情趣，巧妙地摄取自然景物的特征和动态，并用生动、活泼而富有变化的语言表现出来。诚斋体的另一个特点是幽默诙谐，这主要继承了陶潜、杜甫、苏轼等人诙谐打诨的作风，并加以发展。如《嘲蜂》、《嘲蜻蜓》、《嘲稚子》、《嘲星月》等，大自然的一切，均可入诗，而且都富有幽默感。

诚斋体另一个特点是语言平易浅近，自然活泼，这比起江西诗派的生词拗句显然是一种大胆的解放。杨万里也写了一些反映农民生活的诗，如《插秧歌》、《竹枝词》等。

杨万里的诗歌理论主要见于《诚斋诗话》中，他强调诗歌的社会作用，表现方法上主要讲的是"活法"，崇尚独创，反对死守规则的模拟之风。

杨万里的成就和贡献主要表现在诗歌艺术风格方面，其"诚斋体"对后世影响颇大，传世作品今存4200多首。他的七言绝句对南宋中后期的江湖派诗人及清代的郭麐等人影响较大。

《杨万里诗意图轴》，明代周臣作。

王庭筠书法独步金代

王庭筠，字子端，号黄华老人，熊岳（今辽宁熊岳）人，米芾的外甥，金大定十六年（1176年）进士。明昌三年（1192年）召为翰林学士文字。与秘书郎张汝方品第法书名画，不久迁升翰林修撰。在文学、诗画方面都有突出成就。绘画师承任洵，书法受米芾父子的影响颇深，在金代书法家中称得起杰出代表。

王庭筠善画古木竹石，七言长诗以造语奇怪著称，很有个性。《黄华麻》是其诗作汇集，深厚的文学功底和绘画功底，使他的书法艺术成就不俗。

王庭筠书法师承米元章、王羲之，从他的《重修蜀先主庙碑》可以看得出，他在晋、唐碑版上的功力很深，兼得王、米的妙处。他的书法沉顿雄快，

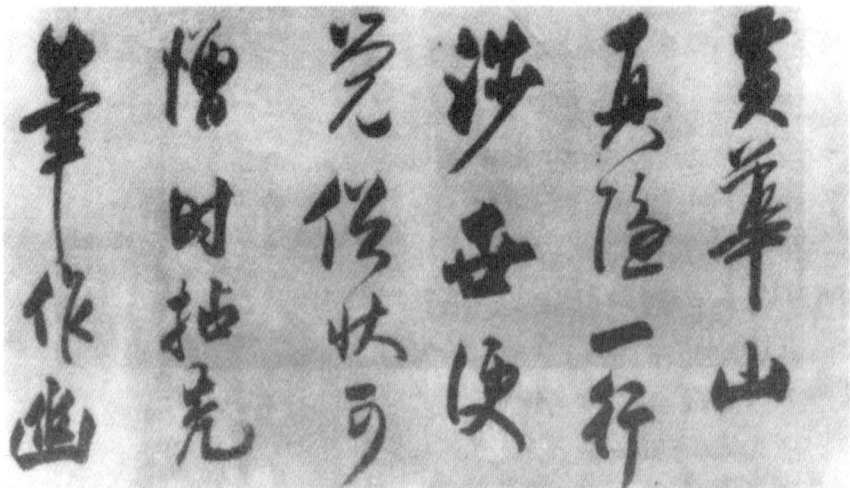

王庭筠《幽竹枯槎图卷题辞》书法作品

极有风致，与当时的赵沨、赵秉文均位列名家。

王庭筠传世墨迹极少，多数遗失，代表作有《幽竹枯槎图卷题辞》、《李山画风聚杉松图跋》、石刻字迹《重修蜀先主庙碑》、《博州重修庙学记》。

《重修蜀先主庙碑》以行楷写碑，直承宋人余渚。明人胡翰说他"书法气韵似米南宫，妙处不减晋人"，有的甚至说他"高淡如张从申，劲媚如柳诚悬，于宋四家外别树一帜"。

在当时文化并不十分发达的金国，王庭筠能得到如此的赞誉，实属不易，在金国书坛上独领风骚，也无可厚非。

赵秉文为斯文盟主

金室南迁之后，赵秉文与杨云翼同掌文坛，号为"斯文盟主"。

赵秉文（1159 年—1232 年），字周臣，晚号闲闲老人，金磁州滏阳（今河北磁县）人。是金代文学家、思想家。他是金一代文宗，研治经史兼善诗文，为天下士人所景仰。

赵秉文平生以道学自居，提介孔孟，思想源于韩愈和二程。他认为，道又不离开人而客观存在，它存在于人的心中。人们要认识道，不必远求，应从自身下功夫。只要务学求知，使天理日明，人欲日消，就能达到圣贤境界，这与程朱灭人欲、存天理的思想是一致的。他认为"君臣、父子、夫妇、朋友"之间的关系同"道"是一体的，离开这些，道就不成为道。他提倡"慎独"、"养诚"的修养方法，要人对道诚惶诚恐，恪守不移。他的这些学术思想得到当世学者们很高的评价，大都认为他的学说是最纯正的儒学。其实，

南宋《孝经图》，彩绘历代节孝故事

他对佛道也有所得，不过以儒为主，来生推崇儒学，愿为纯儒。因此，他虽多因袭周程之学，没取得新的进展，但大大地推进了儒学的北传，代表了金代儒学思想发展的最高水平。他著述宏丰，考订诸经诸子达 9 种 41 卷之多。其文师法欧阳修、苏轼、崇尚平易。著有《闲闲老人滏水文集》、《易丛说》、《中庸说》、《论语孟子解》等。

马致远作《汉宫秋》

元代是杂剧创作的兴盛时期，出现了较多优秀的剧作家和好的作品。马致远及其所创作的《汉宫秋》就是其中一个典型的例子。

马致远（约1250年—1321年至1324年间），字千里，号东篱，大都（今北京）人。早年曾热衷于功名，任江浙行省务官，无奈仕途艰难，并不得意，晚年隐居山林，以诗酒度日。

《汉宫秋》取材于汉代王昭君出塞和亲的历史故事，但并不拘泥于史实，而是在民间故事的基础上，结合历代史书的记载及历代文人的咏唱的思想情绪，对这一历史故事进行了再创造，因此情节有较大的变动，主要表现在以下几个方面。首先，剧本把当时历史背景改为匈奴强盛，汉朝在匈奴的压迫下，派遣昭君出塞，这样一来，昭君便成了爱国者的形象。其次，将毛延寿塑造成一个卖国求荣的形象，他因仕途不达而将昭君画像献于匈奴，从而使匈奴侵略汉朝江山。最后，剧中描写昭君离开京城后，未到匈奴便投江自尽，报效国家，这与历史上王昭君到达匈奴且生儿育女有所变化，目的还是为突出王昭君的爱国者的形象。全作以汉元帝与王昭君的爱情为主线，借昭君出塞揭露汉朝文武百官在外族侵扰面前所表现出的怯弱和无能。马致远创作《汉宫秋》的最终目的是借剧中汉代朝廷的无能来抒发他内心的感情，痛斥宋、金亡国之臣的腐败和昏庸。《汉宫秋》的艺术成就较高，全剧结构紧凑，写景抒情，较贴切地表达了人物思想，尤以第四折《满庭芳》为最，被清代的焦循评为"绝调"。

马致远的杂剧作品十分丰富，除《汉宫秋》外，其他作品达15种之多。如《青衫泪》，来源于白居易的《琵琶行》，描写白居易与妓女的爱情故事，抒发了作者本人仕途坎坷的情绪。《荐福碑》叙述书生张镐穷困潦倒，寄居福寺中，借以抒发作者怀才不遇之感。

此外，他还有一些"神仙道化"杂剧，这与元代时期道教兴盛有关。如《吕洞宾三醉岳阳楼》，描述吕洞宾在岳阳楼超度柳树成精，《陈抟高卧》则叙述宋道士陈抟拒绝功名利禄，归隐山林，谴责了当时社会的黑暗，提倡修道成仙的消极情绪，对后世宗教剧的创作影响很大。

三大家主宰元初书坛

元初书坛三大家赵孟頫、鲜于枢和邓文原，转变了南宋一味崇尚苏、米的形式主义文风，提倡"专以古人为法"，深研晋、唐先贤的书法，对元代书法的影响极大。

赵孟頫（1254年—1322年），字子昂，元代湖州（浙江吴兴）人，号松雪，人称"赵松雪"、"赵吴光"，是宋太祖之子秦王德芳的后裔，太祖第十世孙。

赵孟頫从5岁起开始学习书法，书写十分勤奋，"下笔神速如风雨，一日能书一万字"，篆、隶、楷、行、草都很有造诣，以楷书见长，与颜、柳、欧

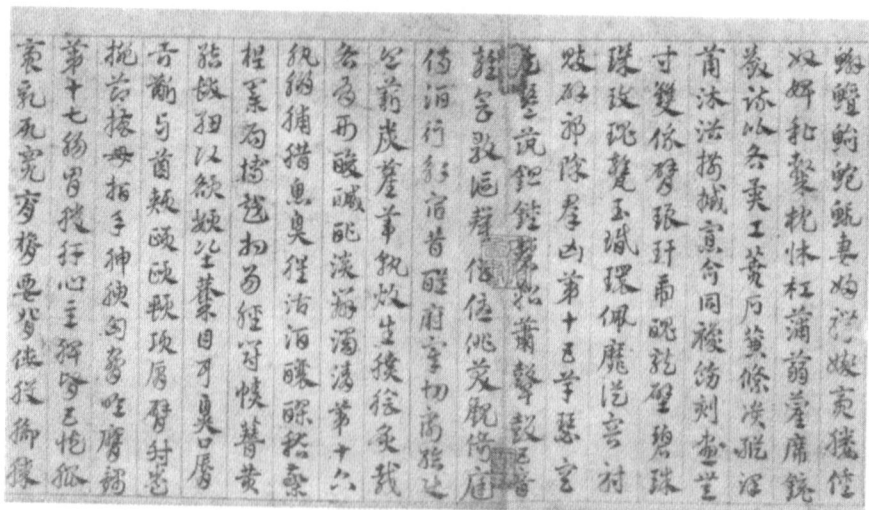

邓文原的《急就章》卷（部分）。比起南方古拙的古章草，已变异为挺健秀雅的新风貌。

齐名，人称"欧、颜、柳、赵"。

赵孟頫以"师古"为门径，创新为要旨，力诫南宋仿苏、米之风的"近体"，而是广泛学习晋、唐各大家的名迹。他的篆书学习《石鼓文》《诅楚文》，隶书学习梁鹄钟繇，行书学习逸少、献之；他最倾心研习的，是王羲之的《圣教序》与《兰亭》《十七帖》，后又学习李北海，最终创出"赵书"一家三体。

在赵书成就最高的行书与楷书中，传世的名作有《湖州妙严寺记》《胆巴碑》《仇彦中碑》《仇锷墓志铭》《御服碑》等。他的书风随着师承变化而渐趋成熟，早年笔风纤秀，以草书《千字文》为代表；中期自成一体，在小行书《洛神赋》和大行书《烟江叠嶂诗》中创造了遒美秀逸、舒展劲健的风格；晚年则达到了严谨、活脱，内敛与潇洒的高度统一，以《胆巴碑》为代表。

赵孟頫在元代复古尊帖的风气中起着带头的作用。他在书法史上有两大建树：一是振兴章草，二是振兴楷书。他的书法理论主要是师法古人，重用笔，重工勤。他的书法贡献集中在对晋唐大家的悉心苦研和确立鲜明独特的个人风格上。赵孟頫的书法对元代以至后代的书法艺术均产生了深远的影响。

赵孟頫《仇锷墓碑铭》书影

赵孟頫的《洛神赋》卷（部分）

元初的另一位书法名家是鲜于枢。鲜于枢（1257年—1302年），字伯机，号困学山民，渔阳（今河北蓟县）人，官至太常寺典簿，为朝鲜族后裔。鲜于枢书法初学金人张天锡，后又学晋唐人的行楷，小楷学钟繇，草书学怀素，而集诸家之大成，尤以大字、草书知名。据传他是看到两个挽车人在泥沼中行进而悟到笔法的意象的。他的执笔最有特点，使用独特的回腕法，写字强调胆力。他的小楷似钟王而雅有风神，大楷则凝重具有唐人风范，草书则体势高古，行书雄浑纵肆，笔法极为超群。他作书好借酒力，用秃笔挥写，有圆浑朴拙和苍厚凝古之意。他生前与赵孟頫是好友，其书法也被世人与赵书并提，在当时已能与赵孟頫相伯仲。人们评论他与赵书之异同，认为他具有河朔之气，如渔阳健儿，奇态横发；而赵孟頫则像一位贵族公子，丰神清朗。鲜于枢传世佳作有《杜工部行次昭陵诗》卷、《苏轼海棠诗》卷、《王荆公诗》卷、《张生帖》、《王安石杂诗》卷、《归去来辞》、《韩愈石鼓歌》等。

元初与赵孟頫、鲜于枢鼎足而立的书法家还有邓文原。邓文原（1258年—1328年），字善之，号素履先生，绵州（今四川绵阳）人，后迁徙至杭州。少时虽然家境贫寒，但他刻苦学习，15岁已通《春秋》，官至集贤直学士。他早学二王，后学李北海，以擅长草书而著名，兼工真、行，书法笔势

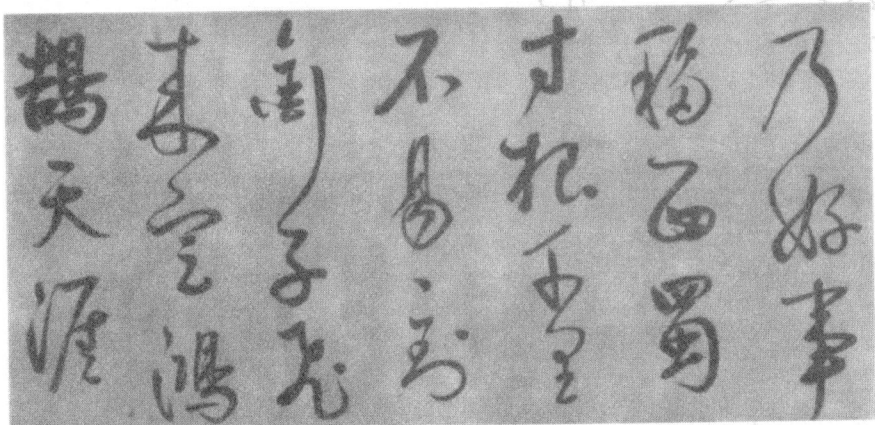

鲜于枢的《苏轼海棠诗》卷（部分）

流转，飞翔自如，健硕充伟，秀丽谨严，以楷、隶笔法融入草书，别有风采。他曾与赵孟頫、鲜于枢共同切磋书法，三家并立。他的传世佳作有大德三年（1299 年）所临的《急就章》、至治二年（1322 年）写成的《书清居院记》。《急就章》是他临写三国东吴皇象的力作，笔姿近晋人索靖的《月仪帖》，成就很高。

　　元初三大家对元代及后世书法艺术产生了深远的影响。

虞集古隶当代第一

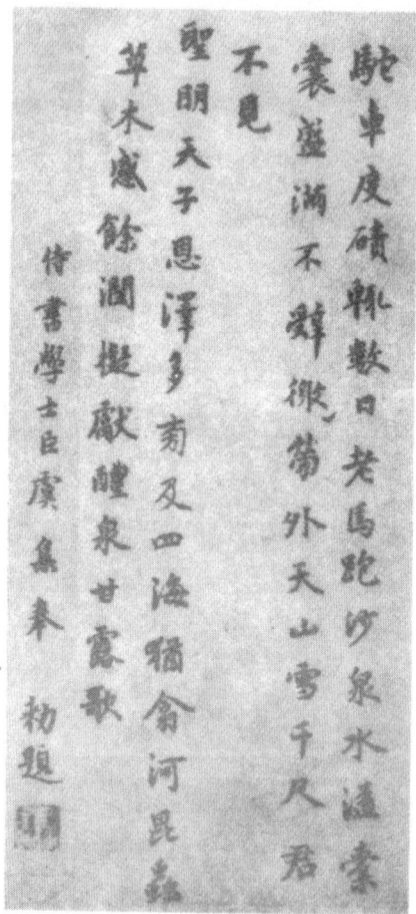

虞集的《题画诗》(部分)。所题之画为
唐代画家胡瓌之子胡虔所作《汲水蓄部图》,
为描写北方游牧民族生活之作。

继元初诸家之后、在书坛产生了较大影响的著名书法家,首推被后人称为邵庵先生的虞集。

虞集(1272年—1348年),字伯生,号道园,四川仁寿县人,曾任奎章阁侍书学士,著有《道园学古录》。《元史》称赞虞集是一个学问渊博而人品高尚的人。《书史会要》评价他的书法,在真草篆隶方面都有很大成就。他的书法正楷、行草绝佳,楷体字得欧字的幼健之风,行草《不及入阁帖》风姿绰约。

虞集的作品,《诛蚊赋》非常著名,这篇文章原是他的六世祖虞雍撰写的,虞集怀着对祖上的追怀之情,于元统三年(1335年)书写下了这篇赋文,时年64岁。卷为行书,笔风清朗蕴藉。虞集的楷书《何澄归庄园跋》(何澄是金末元初的一位画家,90岁时画成了这一幅图卷,赵孟頫等许多元代的名家都曾为此图作题跋)与《题画诗》,用笔端庄秀媚，中和了杨凝式与苏东坡的书法。

虞集书写的《把菊轩诗》非常接近杨凝式的《韭花帖》,《不及入阁帖》则笔锋流转自如，接近王献之的《鸭头丸帖》，表明他摹写古帖的功力非常深邃。

虞集为奎章阁的侍臣，当文宗皇帝在阁内观赏书画时，他常侍从在侧，可称为宫廷书法家。他的古隶在当时成就极高，影响很大，被陶宗仪推崇为"当代第一"。

三宋书法承元人

"三宋"是由元入明的三个著名书法家：宋克、宋璲、宋广，他们主要活动在明太祖洪武年间。他们的书法主要是继承元人的传统，讲究字体的外形之美，即"尚态"。

宋克（1327年—1387年），字仲温，号南宫生，长洲（今江苏苏州）人，

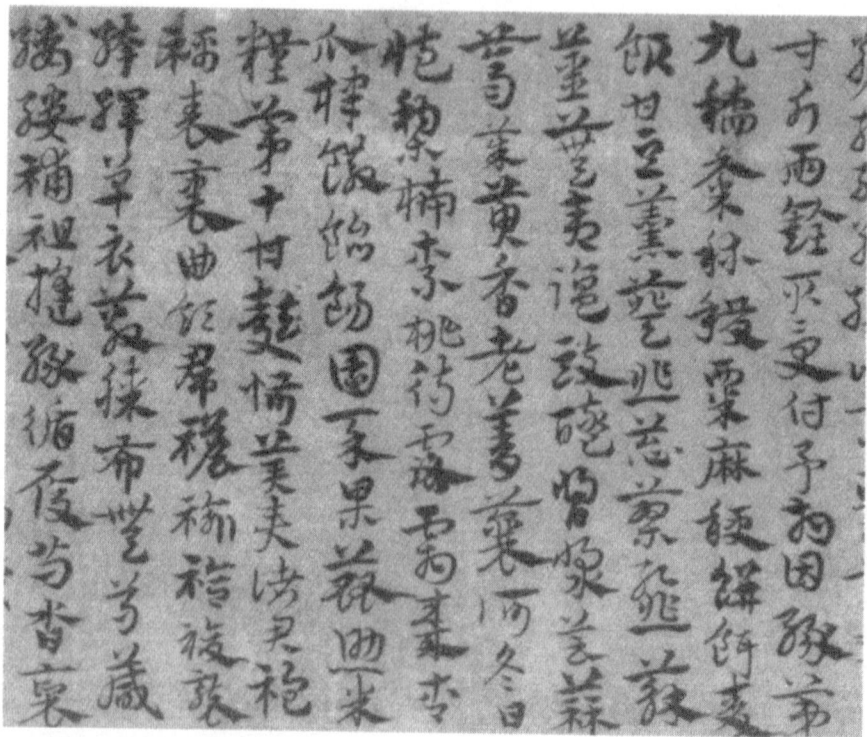

宋克草书《急就章》

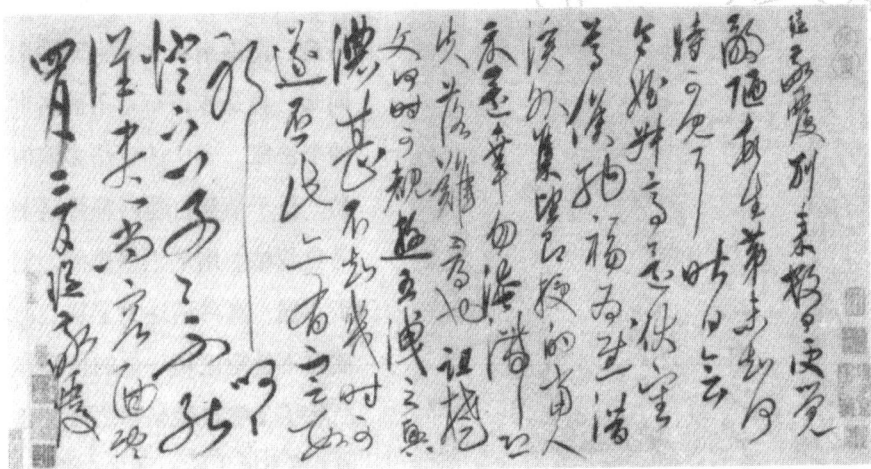

宋璲草书《敬覆帖》

曾任凤翔同知。他是明初第一位著名书法家，擅长真、行、草、章草等书体，尤其以章草名动一时。他的楷书师法钟繇，行草取法于王羲之，章草则专学吴皇象的《急就篇》。《草书急就章》卷（故宫博物院藏）就是临写吴皇象的代表作，作品融今草与行书的特点，显示出有别于古章草的健美格调。宋克的章草书法上承元代书法家的余绪，使得魏晋以来的古章草书法得到复治和发展。从他的作品中可以看出，他变古章草的扁方字形为长方体势，变圆厚古拙的用笔为挺拔瘦劲的笔划，使章草这种书体呈现出新的意趣。

　　宋璲（1344年—1380年），字仲珩，浦江（今浙江金华）人，是明代开国名臣宋濂之子，官至中书舍人，因涉胡惟庸之案被杀。他擅长真、隶、篆、草书，其小篆之工，被誉为明朝第一。他的小楷也端谨婉丽，风姿娴美；行草书则结体修长，笔画瘦劲，善于在迅疾的运笔中结势，发展了康里氏笔法的遗意，也不时地采用章草书笔法的波磔，以增强其健美之姿。他的传世真迹仅有《敬覆帖》（故宫博物院藏），笔法圆熟遒媚，游刃自如。

　　宋广（生卒年未详），字昌裔，河南南阳人，官至沔阳同知。他是专以行草书而名世的书法家。宋广的笔法多取瘦劲，长于结势，他所临怀素的《自叙帖》用笔纵横奔放，如走龙蛇，真可谓达到了从心所欲而不逾矩之境。他的传世作品除了《临自叙帖》之外，还有《草书风入松》、《太白酒歌》（都藏于故宫博物院）。

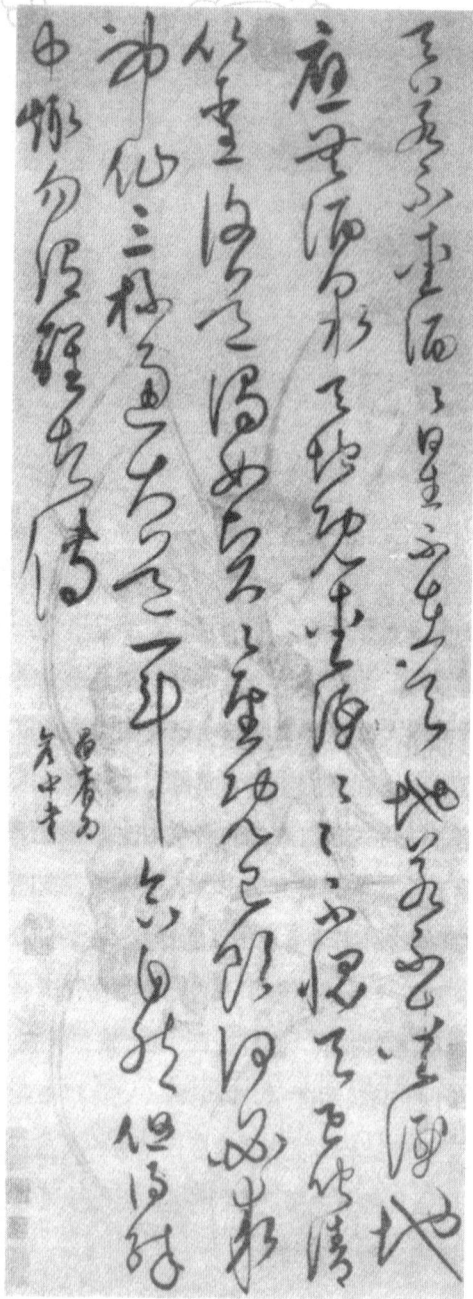

宋广草书《李白月下独酌诗》

王履作《重为华山图序》

元末明初的画坛，崇尚笔墨意趣，注重师承渊源，而忽视了对自然、生活的观察与描绘。这种摹古之风极大地束缚了艺术的发展，王履所作的《重为华山图序》从理论上对这个问题作了精辟的阐述。

王履认为，对于前人的经验和笔法要能有"从"有"违"。所谓"从"就是要继承前人优秀的艺术传统，"不大远于前人之轨辙"；所谓"违"，则是指不囿于古人的成法，当"时当违、理可违"时，就要大胆地脱出前人的窠臼，

《华山图册》（之一）

《华山图册》(之二)。此图册是王履于洪武十五年（1382）游历华山后所创作。描绘了华岳三峰奇险峻伟的景色，成功地表现出华山"秀拔之神，雄特之观"及石骨坚凝的特质。笔力挺拔刚劲、深厚沉着，墨气明润，浓淡虚实相生。

亲身体验自然界，开辟新的艺术境界。

　　在绘画上的"形"与"神"（意）之间的关系上，王履明确指出二者是不可分的。他说："画呈状形，主乎意。意不足，谓之非形可也。虽然，意在形，舍形何以求意？故得其形者，意溢乎形，失其形者，形乎哉！"他主张对于自然形态要加以取舍，再加以描摹，方能流露出其内在之意。

　　王履强调发挥艺术家创作的能动性。据说他50岁时攀援天险华山，身边带有纸笔，遇到胜景即描摹下来。对于自然造化的观察与实践，使他真正领悟到"画不神于所仿而神于所遇"的道理。艺术来源于自然造法，真正的艺术家要能够"去故而就新"，深入自然，磨炼、观察与体验，因而他提出了"吾师心，心师目，目师华山"的名言，这是对古代绘画理论的重要发展。

吴中三家书法成就卓然

明代中叶，台阁体书法逐渐衰弱。以绘画闻名的江南吴门地区的书法家，作为一股新生力量脱颖而出，他们或为文友，或为画友，相互切磋，书法风格与"千字一同"的"台阁体"迥然不同，表现出卓然独立的文人特色，形成占据明代中叶书坛主导地位的吴门书法，其中以号称"吴中三家"的祝允明、文征明和王宠最为著名。明人王世贞在《艺苑卮言》中说："天下法书归吾吴，而京北允明为最，文待诏征明、王贡士宠次之。"

祝允明（1460年—1526年），字希哲，号枝山，因手有6指，故又自号枝指生，长洲（今江苏苏州）人。曾官至应天府通判，后谢病归里。祝允明自幼生长在充满书学气氛的环境中，祖父祝颢、外祖父徐有贞和岳父李应祯都是当时著名学者，他们让他临习晋唐的法帖，而不准他学宋、元时的法帖。

祝允明博采众家之长，在26岁时所写的小行楷《自书诗文》卷，28岁时书写的行楷《唐来人四记》卷已经是上追钟繇、王羲之楷书的风范，在端庄中寓修美流丽的意趣，基本形成了后来书法

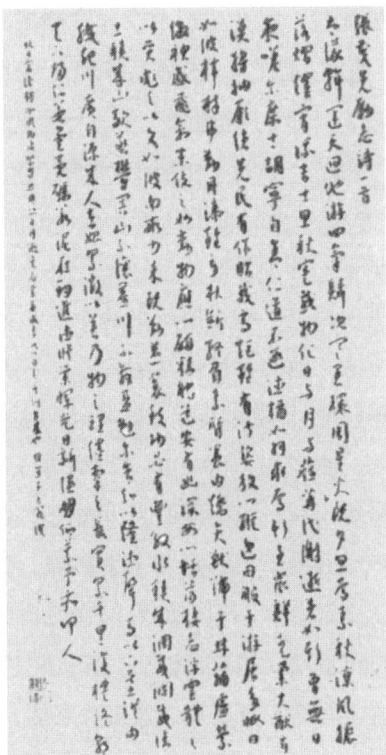

王宠《张华励志诗》

文征明《后赤壁赋》

的体貌。祝允明的书学异常渊博，他的楷书之法就学自元常（钟繇），二王（羲之、献之）、永师（智永）、秘监（虞世南）、率更（欧阳询）、河南（褚遂良）、吴兴（赵孟頫）等；行草之法则来自大令（献之）、永师、河南、狂素（怀素）、颠旭（张旭）、北海（李邕）、眉山（苏轼）、豫章（黄庭坚）、襄阳（米芾），无不临写工绝。如他的前期楷书《唐宋人四记》卷，笔法遒劲浑厚，结字肥拙，是取法于钟繇；而《关公庙碑》页则是谨严清秀，保持了晋唐的书法风范；而后期所书的《千字文·常清静经》册则是采用米芾与赵孟頫之笔法。他的存世作品还有《自书诗卷》（故宫博物院藏）、《诗翰卷》（南京博物院藏），晚年又有《歌风台》（故宫博物院藏）等大草书传世。

文征明（1470年—1559年），初名壁，字征明，后以字行，更字征仲，号衡山居士。据说他因为参加乡试书法不佳而被置于三等，便临池雪耻，22岁时开始学书。据其子文嘉称，文征明开始时临写宋元法帖，稍悟其笔意，就全部舍弃不习，而专门临习晋唐法帖，小楷是自《黄庭》、《乐毅》中来，自虞世南、褚遂良以后，无人超过他；隶书则是学钟繇，独步当时。文征明善于写楷、行、草、隶多种书体，特别是他的小楷，最为人称道。据说他近90岁时还能写蝇头小楷，见到的都很惊讶。他的小楷法度谨严，字体俊秀淳和。其存世之作《前后赤壁赋》卷（故宫博物院藏）、《真赏斋铭并序》（中国

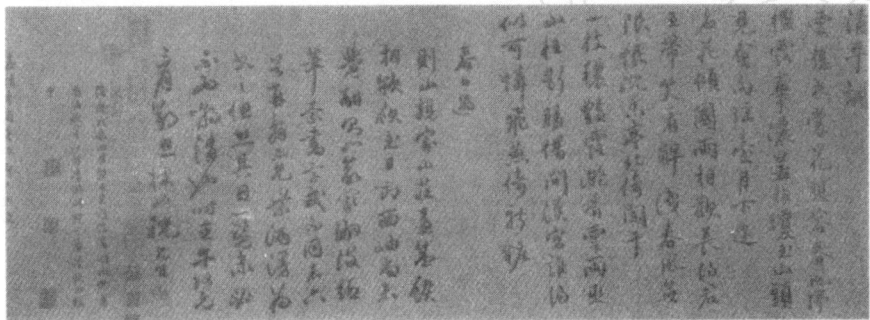

祝允明《六体诗》(局部)

历史博物馆藏)均为其晚年的楷书力作,行书《诗稿五种》(辽宁省博物馆藏)、《西苑诗》卷(故宫博物院藏)笔法苍劲清秀,结构严整,自成一体。

　　王宠(1494年—1533年),字履吉,号雅宜山人,江苏吴县人。他擅长楷、行、草书,早年曾师从于蔡羽,但他的书法却主要得力于王献之和虞世南。其书学不如祝允明和文征明广博,专门流连于晋唐风韵。他的小楷书结字疏宕萧散,似乎拙于点画安排,却又和谐巧妙,运笔遒美而圆浑,颇得晋唐书法的闲雅韵趣。他讲求运笔的变化,返笔、复笔、圆折笔、方折笔不时地加以灵活运用,这点上要比文征明略胜一筹。他的传世作品有小楷书《送陈子龄会试三诗》、草书《李白诗卷》(皆藏故宫博物院)。

王守仁龙场大悟

　　王守仁11岁之前在祖父王伦的培养下成长，青年时期遍读朱熹著作。王守仁早年潜心于朱学，执著探究其格物穷理之说。他遵循朱熹格物的方法并付诸"穷格竹子"的践履，格竹7天后，王守仁病倒。格竹的失败使他开始怀疑朱学，他感到朱学体系中存在着一些不可调和的矛盾。他不满于朱熹析心、理为二的观点以及由此引发的知行分离、哲学思辨与道德践履脱节等问题。仕途的遭遇使他对当时社会风气的沉沦与道德伦理的颓废更有切身感受，他意识到人伦纲常建设的重要性，而当时流行的朱学不仅无助于道德培养，而且会将人引向支离考索的歧路。从此王守仁由遵循朱学转向抛弃朱学，进而营造自己的心学体系，以与程朱理学抗衡。

　　王守仁早年不仅仅遵循朱学，他也探究佛、道典籍。他看到儒、佛在某些观点上并不完全排斥，可以相通，于是萌发将佛禅伦理化、变佛禅为治世之圣学的念头。这就为他以后另辟蹊径打下了基础。

　　37岁那年，王守仁被贬至贵州龙场，任龙场驿丞。此地人烟稀少，虎狼遍布，瘴疠横行，环境极为险恶。王守仁身处逆境，胸怀大志，以极强的意志力在危难险阻中存活。经过一段时间的刻苦思考，他终于凭借自身的努力开悟，体悟到圣人之道即在自性中，不假外求。龙场大悟使王守仁确立了"吾心之良知即天理"的世界观，开辟出与程朱理学迥然异趣的心学之路。

　　王守仁心学在龙场大悟之后继续发展，以后他提出致良知与知行合一说，继承南宋陆九渊的思想，把心学发展为一个思想体系。"姚江之学"从此风靡天下，震动了思想界，在明代中后期广为传播，几乎危及程朱理学的统治地位。

祝允明的草书艺术

祝允明以诗文、书法名重当时,与唐寅、文征明、徐祯卿四人,并称"吴中四才子"。

祝允明少时天赋聪颖,跟随吴中前辈书法家外祖父徐有贞、岳父李应祯学习书画,他博览群书,对晋、唐、宋、元各代重要作家、作品都有比较深的领会,临书时往往能"以意构之"所以能将名家长处融汇在自己的书法创作中。其楷书、行书、草书皆为时人交口称赞,一举成为明代中期最杰出的书法家,素有"明朝为第一"的盛誉。他的小楷清俊秀挺,接近钟繇的风格。行书流畅俊美,深受《集王羲之书圣教序》和赵孟頫的影响。

祝允明书法成就最高的是草书,草书崇尚怀素、黄庭坚,兼参照魏、晋名书法家笔法、章法,吸取众家之长,意在突破创新,形成笔势劲健、变化丰富、奔放激越、纵横险绝的自家面目。祝允明善用狼毫笔,传世草书不计较个别点画,力存千钧。潇洒奔放,一往无前,通篇浑然一气,具有强烈的感染力,有一种要解除束缚,蔑视礼法的感觉。

和明代中期其他书法家草书相比,祝允明的草书奔放中有含蓄,致力于突破行与行之间的阻隔为笔画结构创造一种新的形式。不过,有时表现单薄,运笔节奏也缺少对比。

王守仁镇压农民起义

正德十二年（1517 年）正月，王守仁抵赣州，行十字牌法，镇压大帽山民军。

明廷因江西、福建民军驰骋在江西、福建、湖广、广东交界处，攻南康、赣州，杀赣县主簿吴忕，故在去年八月，命王守仁为右佥都御史巡抚南赣，他于 1517 年正月抵赣州，次月到任。

王守仁到任以后，以陈金调集士兵多肆虐乡里，且糜费逾万，即檄四省兵备官选募民兵操练。

王守仁先会兵围剿福建大帽山，督副使杨璋等破长富村，进逼象湖山，指挥覃桓、县丞纪镛被民军杀死。守仁亲率锐卒屯上杭，假装退兵，后出其不意连破 40 余寨。

朝廷加守仁提督军务衔，守仁即更兵制，以 25 人为伍，伍有小甲；二伍为队，队设总甲；四队为哨，设哨长，协哨二员；二哨为营，设营长，参谋二员，三营为阵，设偏将；二阵为军，设副将，临事委任，以责权奖惩。

本年七月，守仁进兵大庾，败谢志山。十月讨横水、左溪，擒谢志山、蓝天凤等。翌年正月，又平浰头池大宾。到十二月，江西、福建等处的民军在王守仁的围剿下，全部被讨平。

王守仁《七律·寿诗》（书于 1516 年）

王守仁去世

嘉靖七年（1528年）十一月，明代理学家王守仁去世，享年57岁。

王守仁（1472年—1528）年，名云，字伯安，浙江余姚人。因曾经在阳明洞讲学，学者称他为阳明先生。弘治十二年（1499年），他考中进士，历任刑部和兵部主事、龙场驿丞、南京太仆少卿、巡抚南赣右佥都御史等职，先后镇压了福建、江西等地农民起义。正德十四年因平定宁王朱宸濠的叛乱有功，被封为新建伯，为明代文臣用兵制胜之首。1527年，他又以左都御史的身份总督两广军务，镇压广西瑶民起义。后因疾病缠身，请求辞官，并举荐郧阳巡抚林富自接位。他没有等朝廷的命令下来便启程返乡，在途中去世，谥号文成。

王守仁天资聪颖，18岁即拜访程朱派学者类谅，讨论朱熹的格物和圣人可学而至的思想。后端坐家中，潜心学问。他是我国唯心主义集大成者，创立

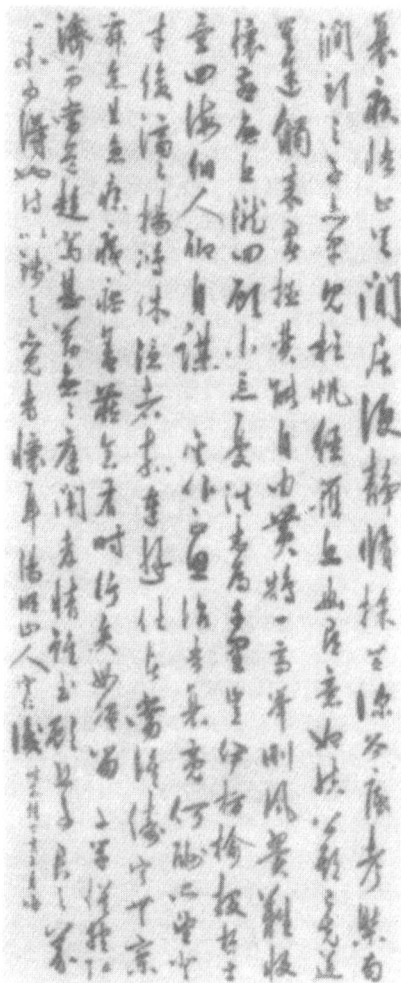

王守仁《五言诗》（书于1527年）

了主观唯心哲学论哲学体系，继承发展了陆九渊"心即理也"的学说，提倡"人人致良知"和"知行合一"，形成理学中的"王学"，弟子遍及天下。他的思想的发展和传播，对明中叶后的思想界有深刻影响。著有《王文成公全书》共38卷和《传习录》传世。王守仁曾自诩平生做了两件事：一是破山中贼，即镇压农民起义；二是破心中贼，即心学的广泛传播。这也许是对他最好的总结。

徐渭作《四声猿》

明代，剧作家、文学家徐渭创作杂剧《四声猿》。

徐渭（1521年—1593年），字文长，晚号青藤道士，山阴人。他工书法，善绘画，亦长于诗词戏曲，且多奇计。但终生遭遇坎坷。早年屡试不第，中年为浙闽总督胡宗宪幕僚。后因胡宗宪政场失利，受牵连而一蹶不振，但却不能阻止他文学才能的显露。他反对当时很风行的前后七子的复古主张，认为复古只是"徒窃于人之所尝言"，而应该创新，"出于己之所自得"，他的这些主张一直影响到后来的汤显祖和"公安派"的袁宏道。他在诗歌方面的成就以七古、七律为代表。七古富有气势，兼带李白的飘逸和李贺的险怪，如《观猎篇》等，而七律则用词简练，如《孙忠烈公挽章》等。

最能体现徐渭文学成就的当属他创作的杂剧《四声猿》。《四声猿》是四部杂剧的总称，包括《狂鼓史渔阳三弄》、《玉禅师翠乡一梦》、《雌木兰替父从军》和《女状元辞凰得凤》，其中《狂鼓史》写的是祢衡被曹操杀害后，在阴间判官的怂恿下，面对曹操的亡魂再次挑战，痛斥曹操一生中的全部罪恶。作者通过祢衡对曹操的问罪方式的痛骂来揭露封建社会奸相的丑恶嘴脸，用词犀利，令人拍案，目的还是要借古讽今，发泄自己心中的不得意。《玉禅师》讲述的是玉通和尚意志不坚定，临安府尹柳宣教稍微一使计，便破了色戒。为报复他人，他来世投胎作了柳氏女儿，不幸又沦为风尘女子，在师兄月明和尚的指点下，重新皈依佛门，揭露了和尚们奉行禁欲主义之虚假，借以宣扬佛教的轮回报应说。《雌木兰》故事来源于乐府诗《木兰诗》，叙述木兰女扮男装，替父从军的故事，只是另外还增添了嫁王郎一段，使故事情节更为完满。《女状元》讲述五代时才女黄崇嘏女扮男装，进京赶考，最后中状

徐渭石刻像

《四声猿》插图（明·万历）

元的故事，和《雌木兰》合在一起，从文武两方面对女子的智慧和勇气进行赞扬。

徐渭的《四声猿》对以往的杂剧有所突破。以往的杂剧均采用一本四折的形式，而《四声猿》所包含的四剧，长短不一，从一折到五折都有。另外，以往的杂剧基本上属于北曲的范围，而《四声猿》中的《女状元》一剧，全用南曲写成，开创了用南曲写杂剧的先例。他写作的杂剧，不仅是为演出而作，而是带有很浓厚的现实意味，借故事的叙述来反映当时人们反抗压迫，反对封建礼教束缚的强烈愿望。

徐渭《菊竹图》轴

董其昌去世

董其昌：山水小景八幅册（之三）

崇祯九年（1636年），书画家董其昌去世，享年82岁。赠太子太傅，谥文敏。

董其昌，字亥宰，号思白、香光居士，华亭（今上海松门）人。万历十七年进士，选庶吉士，授编修，充讲官，出为湖广副使，以疾归。病愈起督湖广学政，不徇请嘱，为势家所怨，遂唆使生儒数百人鼓噪，毁其公署，董其昌为此又请归。后来朝廷曾任命他为山东副使、莱州兵备，河南参政，他均未赴任。泰昌元年（1620年）召为太常少卿，天启二年（1622年）擢太常寺卿，天启五年正月拜南京礼部尚书。当时阉党擅权，一年后他便辞官归里。崇祯四年（1632年）复职，掌詹事府事，崇祯七年致仕。

董其昌是明末著名的书画家。其书以米芾为宗，又自成一家。其画集诸家之长，行以己意，潇洒生动。其书画风格对当时和以后都有很深的影响。著有《容台文集》9卷，《诗集》4卷，《别集》1卷，《画禅室随笔》4卷等，辑《神宗留中奏疏》。

王铎书法奇险

明末清初书法家王铎，其书法在结构方面，以奇险取胜，节奏对比强烈。

王铎（1592年—1652年），字觉斯、觉之，号嵩樵，今河南孟津县人。明天启年间进士，官至翰林院编修、少詹事，并担任经筵讲官。清兵入关后，任南京福王朝廷东阁大学士。明亡入清，官至礼部尚书。

王铎从早年开始，便不断从王羲之、王献之的作品中汲取营养，后来受到米芾的影响，使之成为创造个人风格的有力支点。他极重视向优秀传统学习，创作趋向成熟后，仍是一日临摹，一日创作。其行、草书有很高的成就，用笔沉着富有变化，既发扬了明代草书气势奔放、直抒性灵的特点，又矫正了线条粗率的弊病。

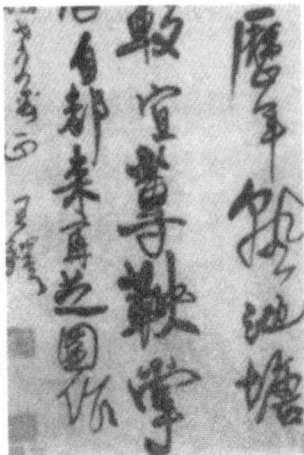

王铎《自作五律》（部分）

王铎对笔画结构十分敏感，创造出不少新的构成方式。例如运用挪位而形成单字特殊的联结等，产生了极为丰富的节奏变化，从而把书法的笔画结构提高到奇险的新境界。传世书法用品刻有《拟山园帖》、《琅华馆帖》等。王铎还兼画山水。

黄道周笔法刚健

中国明代书法家黄道周，其书法以笔锋刚健著称。黄道周（1585年—1646年），字幼平，号石斋，今福建漳浦县人。天启二年（1622年）进士。福王时官至礼部尚书，唐王时为武英殿大学士。清兵南下时，率兵抗清，至婺源，兵败不屈而死。黄道周为人严冷方刚，不谐流俗。他学问渊博，精天文历数诸术，工书善画，并以文章风节高天下。

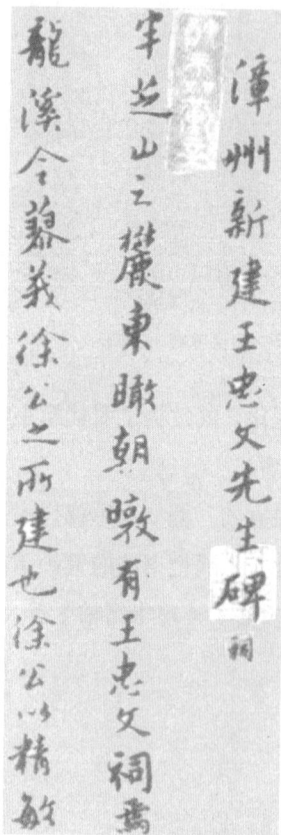

黄道周楷、行、草书皆擅长。他的楷书师法钟繇，用笔方劲刚健，有一股不可侵犯之势。他还主张遒媚加之浑深，所以其楷书虽刚健如斩钉截铁，而丰腴处仍露其清秀遒媚。黄道周楷书流传多为小楷。代表作品有《孝经》、《石斋逸经》等。他的行、草书远承钟繇，并参以索靖草法。他虽追求王羲之、王献之等晋人书法，却一反元、明以来柔弱秀丽的弊病，而以刚健笔锋和方整的体势来表达晋人的丰韵。其草书波磔多，含蓄少，方笔多，圆笔少，具有雄肆奔放的美感，行草书代表作品有《山中杂咏卷》、《洗心诗卷》等。

此外，他还著有《易象正》、《三易洞玑》、《太涵经》、《续离骚》、《石斋集》等。

黄道周《五忠文祠碑文》（部分）

复杂矛盾的黄道周思想学说

黄道周（1585年—1646年），字幼平，亦号石斋先生，福建漳浦人。中年举进士，曾任南明礼部尚书。明末儒学大师，著作颇丰，主要有《榕坛问业》、《论易》等。他的思想学说既复杂又矛盾。

在自然观上，黄道周把阴阳二气和五行（金木水火土）看作是构成天地万物的物质元素，进而强调太极是天地万物的本原，太极与阴阳是一体的，太极也就具有物质性。他强调有了阴阳之气，才有天地形成和人类万物的产生，才有了自然的诸种变化和变化规律。

黄道周毕生研究易学，将古今历学尽归于易，生硬拼凑，以致走了神秘主义道路。但他也有些合理可贵的思想。首先，他认为治易就要如实反映日月天地的自然形态及变化规律。其次，治易要摆正理、象、数三者的辩证关系。理即日月星辰变化的自然规律，象和数则是构成理的具体形态和度量的依据。再次，提倡治易要贯彻实测的精神。显示他重实证、实验的实学思想。

黄道周的格物致知的认识论中亦有进步倾向。首先，提出人的认识来源于"物上精魄"的非精神——"性地灵光"。认为人的感情意识"不从心生"。而是人们对外界事物的感受所引起的。其次，他认为人对外界事物的反映和认识是很重要的，"只要致思，人人自是圣贤"。还指出人的主观认识能正确反映客观事物。他的认识论还表现为重躬行、重实践，有力地抨击了空谈的弊端。

黄道周的道德修养论提倡"修己以敬"，视"敬"为"本体工夫"，是中和之本，礼乐之源，从而把"教"变成了一种能产生神秘力量的主观精神。他还把人的主观意义中的"敬"与"诚"，与客观事物、自然界的"天"的真实性相混同，最终必以主观意识代替客观世界，这又与他的认识论相矛盾了。但他把敬和"安民"、"安百姓"联系起来，与"君子事功"、"君子学问"一起作为实现修身齐家治国平天下理想的组成部分，这使他的道德论含有一些民主思想的因素。

在人性论上，黄道周认为人性本原于天，把人性和天命完全等同，使人性具有神秘性质，这同他在自然观上不信天命鬼神的重自然规律的观点相左，陷入理学的"天道性命"的"精神本体论"。他坚持性善论，人之所以变恶、愚，皆是后天习染不同的缘故，因而他重视后天的修养。他的人性善论虽错，但他认为，人可以通过修养改善变智，肯定了人的主观能动性，含有积极的因素。

总而言之，黄道周的思想学说既复杂又矛盾，既有积极进步的因素，也没有完全摆脱某些神秘主义的束缚。

傅山提出"四宁四毋"

傅山总结自己学字的经验，提出了"四宁四毋"的学字原则。

傅山（1607年—1684年），字青竹，又改字青主，号真山、石道人、松侨老人，阳曲（今山西太原）人。明朝灭亡后，隐居阳曲山中，苦攻医学，研习金石书画。后因为梦天帝给他赐黄冠，便穿朱色衣，住土穴，自号朱衣道人。晚年喜喝苦酒，又自称"老叶禅"。康熙十七年（1678年），被强征博学鸿词科，以死相拒，终得幸免。

傅山能书会画，画多为山水，风格古拙奇特。书法精湛，工篆、隶、楷、行、草诸体，尤精于草书。20岁开始学前人晋、唐书法，总学不像，于是改学赵孟頫、董其昌，爱其圆转流丽，稍临便能以假乱真，从此悟出作字先学做人的道理，并提出著名的"四宁四毋"主张，即"宁拙毋巧，宁丑毋媚，宁支离毋轻滑，宁真率毋安排"，表明了他的书法美学观点。

傅山提出的"四宁四毋"成为后人学书的基本准则。

清焦秉真《耕图》摹本

金农作漆书

"漆书"是中国古代书画史上的一朵奇葩，为清代著名书法家、画家金农所创。

金农（1687年—1764年），字寿门，号冬心，别号甚多，有司农、金二十六郎、稽留山民、昔耶居士、曲江外史、龙梭仙客、百二砚田宣翁、心出家粥饭僧、金吉金、荆蛮民等。浙江仁和（今杭州市）人。与丁敬、吴西林合称浙西三高士。乾隆元年（1736年）荐为鸿博，因不为朝廷所用，心情抑郁，因此出走齐、鲁、燕、赵等地。他嗜奇如古，收金石文字千卷，醉心于书碑帖文，50岁开始学画，涉笔即古，脱尽书家之俗气，自成一家。其山水花果之画更是布置幽奇，类染间冷，非尘世间所能多见。晚年居扬州，为著名的扬州八怪之一。

金农的字画刻意创新。尤其是书法，或行或楷，在广泛吸取名碑篆刻的基础上，风格独特。运笔或扁或方，往往是竖轻横重，苍劲有力，古朴圆润，别具奇趣，自称为"漆书"。世人评价其书从《天发神谶碑》《国山碑》《各郎碑》变化而来，行、楷之间，别具一格。金农之画，因其文学修养较高，所见古代名画亦多，加之书法功底深厚，往往出手便非同凡俗，具有鲜明的个性特色。所画《山水人物册》、《山水册》、《月华图》、《携杖图》等都是我国古代绘画中的精品。金农论艺术，主张独创，反对因袭。他曾说："冬心先生年逾六十始学画竹，前贤竹派，不知有人，宅东西种植修篁约千万计，先生即以为师。"他这种重创新、重实际的创作风尚给后世书画以巨大影响。

乾隆二十九年（1764年），金农去世。

包世臣谈运笔

包世臣（1775年—1855年），字慎伯，号倦翁，安徽泾县人，嘉庆、道光年间著名学者，善书法，用笔取侧势，著有《艺舟双楫》六卷。前四卷论文，后两卷论书，主要篇目有《述书》、《历下笔谈》、《国朝书品》、《答熙载九问》、《答三子问》、《自跋草书答十二问》、《与吴熙载书》等。其中的《述书》、《历下笔谈》作为书学专著曾名重一时。

《述书》专论执笔、运笔方法。他强调用笔要"行处皆留，留处皆行"，运笔要"始艮终乾"。认为"北朝人书，落笔峻而结体庄和，行墨涩而取势排宕。万毫齐力，故能峻，五指齐力，故能涩"。又说："用笔之法，见于画之两端，而古人雄厚恣肆令人断不可企及者，则在画之中截。"《历下笔谈》倡导篆隶北碑，对当时书风变革有很大影响。

《国朝书品》品评清代书法家作品，

包世臣的《警语》。此幅作品通篇气势雄浑，结构揖让合理，运笔顿挫有力，富有"金石气"。

分为神品、妙品、能品、逸品、佳品等品次，"平和简净，遒丽天成，曰神品。酝酿无迹，横直相安，曰妙品。逐迹穷源，思力交至，曰能品。楚调自歌，不谬风雅，曰逸品。墨守迹象，雅有门庭，曰佳品。"被列为神品、妙品上的是邓石如，而郑簠、金农则为逸品上。

伊秉绶融汇篆隶

伊秉绶（1754年—1815年），字组似，号墨卿，晚号默庵，福建汀州人。乾隆五十四年（1789年）进士，官至刑部主事、惠州知府、扬州知府等。伊秉绶书法初宗汉隶。乾嘉之际，碑学盛行，汉魏碑刻受到书法家的重视。伊秉绶热衷汉碑，在精研《西狭颂》、《张迁碑》、《裴岑纪功碑》、《封龙山》、《韩仁铭》等汉碑的基础上，将汉隶的体势和结构加以改造，并将篆书的用笔融于隶书，创制出一种新隶书——篆隶书，具有间架博大、质朴浑厚、气势雄强的风格。他对颜真卿的书法研究精透，用颜真卿的楷书写隶字，风格独特；又用隶笔写颜字，瘦劲独绝。其名作《吊比干文》，瘦劲古朴，体方笔圆，寓巧于拙。

中平三年二月震节纪曰

上旬阳乘厔枕感震节纪曰

故吏韦萌等命怨同敦张迁碑

伊秉绶的《节临张迁碑》

曾国藩任两江总督

湘军是曾国藩在镇压太平天国过程中一手创办的，全部湘军都只受曾国藩一人调度和指挥。正因此，清政府对曾国藩本人总是不放心。咸丰十年（1860年），湘军第二大头目胡林翼当了湖北巡抚，而曾国藩还是以侍郎的空衔领兵。因为没有地方实权，各省长官在兵饷和后勤供应上常与湘军为难。

咸丰七年（1857年），曾国藩因父丧回籍时，向皇帝上奏大发牢骚，说他几年来用的是"侍郎"的关防，没有兵权、财权和"文武黜陟之权"，得不到地方官吏的支持；部下立功，虽经保举也得不到实缺，往往造成贻误大局的结果。他想借此要挟朝廷，索取实权。但是咸丰帝未答应他的要求。

咸丰十年（1860年）闰三月，太平军二破江南大营，再解天京之围。事实说明清军支柱绿营兵不堪一击。同时，英法联军北上的危机又迫在眼前，战局恶化，湘军将领不服调遣，清朝当局不得不再次起用曾国藩为署理两江总督。

同年六月，清廷实授曾国藩为两江总督，并命为钦差大臣督办江南军务，统辖苏、皖、赣、浙四省军务，巡抚、提镇以下悉归节制。从此，曾国藩集军、政、财权于一身，成为清军镇压太平天国的最高统帅。

康有为发挥今文经学

康有为（1858年—1927年），又名祖诒，字广厦，号长素，广东南海人。青少年时期受到较好的传统教育，早年治古文经学。由于民族危机的日益加深，他开始向西方寻求救国救民的真理并开展维新变法的宣传和组织工作，维新变法失败后逃亡日本并变为保守派，转而攻击资产阶级民主革命。辛亥革命后，他又支持帝制复辟。

自道光、嘉庆年间常州今文经学派兴起以来，龚自珍、魏源、王闿运、廖平等人不断融汇新知，予以阐发。康有为结识廖平并读了其著作《知圣篇》、《辟刘篇》等后，对此发生了

广东南海康有为故居

极大的兴趣。龚自珍、魏源等人以《公羊》义例评议社会政治的传统为其继承，以经学形式将其新的思想内容加以融汇和阐发，著成集今文经学之大成的著作《新学伪经考》、《孔子改制考》作为其"变法维新"的理论依据，极大地影响了当时的思想界。

康有为为了说明自然和社会的进化是一种普遍的规律，将《周易》"变易之义"与其所掌握的近代天文学、生物进化论知识结合起来，认为"变易"是事物发展的必然法则，提出了"变者天之道"的命题，主张以"善变"来应付天变。而且在这一"变易"理论中注入了资产阶级进化论的新内容，变法维新的实际政治内容被充分融合在其理论阐发之中。此外他还将孔子的"仁"与近代资产阶级"天赋人权"论相掺合，构成其"以仁为主"的博爱说，并肯定人的自然本性，抨击了理学及宗教的梦欲主义，成其"大同"理想的理论依据。从而，封建社会束缚和摧残个性自由发展的种种弊端都遭到了尖锐的揭露和抨击。更值得重视的是，他把矛头直接指向封建纲常名教，重视妇女人权问题。其反封建的进步性显而易见。

康有为撰著了大量著作，其中包括经部 18 种、史部 62 种、子部 22 种、集部 26 种，将其思想予以发挥。

康有为于 1891 年正式刊行了《新学伪经考》，以批判刘歆为名，对古文经学乃至程朱理学、汉学予以猛烈地抨击，认为西汉末以来为历代统治者所推崇的儒家经典即古文经学都是刘歆为王莽篡汉而伪造出来的，它湮没了孔子的真正思想和义理。这一大胆的怀疑和否定，把相传已久的大部分儒家经典都说成伪经的做法，虽不免简单武断，有些违背历史实际，但却旨在破除人们对经学教条化的迷信，为变法维新扫清了思想障碍。

《孔子改制考》刊行于 1898 年，他把历代认为"述而不作"儒家宗师孔子说成是"托古改制"的"教主"，认为"六经"是孔子为治理"乱世"而变法改制的著作，为其在变法维新运动中与顽固派较量找到了有力的武器。在他看来，孔子"改制"的思想精髓乃是公羊学（今文经学）所谓的"三世"，即人类历史必须经历从"乱世"、"升平世"到"太平世"三个阶段，这样其主张的由君主制到君主立宪制再到民主共和国的历史进化路径就从传统理论中找到了基石。

为了阐发其社会理想，他还撰述《大同书》，取《礼记·礼运》中"大同"之意，与"三世"说相表里，勾画了一个由乱而治、实现太平盛世的空想社会蓝图。而古老的《春秋公羊》说在此被赋予了崭新的思想内容。

康有为的学术思想和政治主张如"大飓风"和"火山大喷火"一般横扫了当时思想界的保守派，引起了社会的反响。

康有为公车上书

光绪二十一年（1895 年）四月，康有为联合上京会试举人，联名上书光绪帝，这是历史上著名的"公车上书"。

甲午战败，清政府被迫与日本签订了丧权辱国的《马关条约》，激起了广大人民的强烈反对。空前严重的民族危机，也刺激爱国知识分子干预国事，要求维新变法，拯救国家。四月八日，康有为联合在京参加会试的举人 1300 多人在松筠庵集会，联名上书光绪帝，痛陈割地弃民的严重后果，指出割让台湾将失去全国民心，力主拒绝和议，明定对策。

上书提出了四项解决办法：一、下诏鼓天下之气；二、迁都定天下之本；三、练兵强天下之势；四、变法成天下之治。康有为指出前三项还只是权宜应敌之策，第四项才是立国自强的根本大计。

过去举人坐公车，所以这次举人的联名上书被称为"公车上书"。

"公车上书"原名为《上皇帝书》，由康有为连夜起草，长达 14000 多字，也是康有为第二次

康有为像

向清帝上书。这次上书，都察院以《马关条约》已经签定，无法挽回为理由，拒绝接受，但是，上书却在全国广泛流传。

"公车上书"标志着酝酿多年的资产阶级维新变法思潮已发展成爱国救亡的政治活动，对社会的影响和震动很大，康有为从此取得了维新运动领袖的地位。

刘墉书法数变

嘉庆九年（1804 年），书法家刘墉去世。

刘墉（1719 年—1804 年），字崇如，号石庵、青原。山东诸诚人。乾隆十六年（1751 年）进士。官至翰林院编修、翰林院侍讲，吏、礼、兵部尚书，体仁阁大学士。死后赠太子太保，谥号文清。与翁方纲、梁同书、王文治并称"清四大家"。

刘墉书法颇庞杂，对唐宋诸家无不临习。擅长楷书、行书，也能写榜书和小楷。喜用硬笔短毫，书法丰腴淳厚，落落大度。又因平生多波折，书法亦多变：早年仕途顺畅，书法珠圆玉润；中年受父牵连夺官下狱，威武不屈，书法则笔力雄健；晚年看穿世事，书法亦趋于平淡，而精华蕴蓄，劲气内敛，绵里藏针。有《学书偶成》诗 30 首，阐述其书法理论。

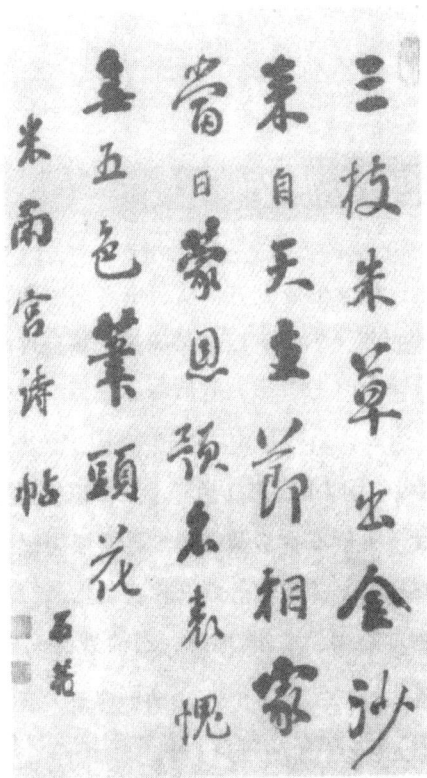

临米芾诗帖（刘墉）

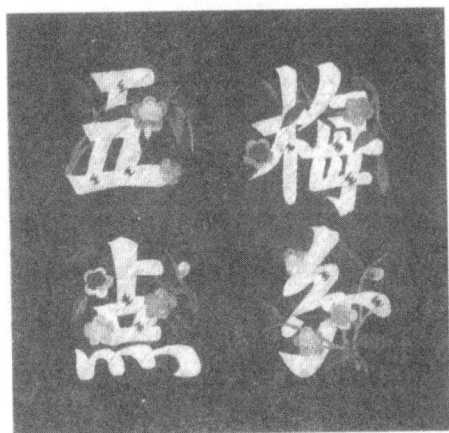

清"梅分五点"绣片，四个字穿插
在四枝梅花中，相映成趣。

文房四宝

张穆著《蒙古游牧记》

鸦片战争前后，民族危机加重，史学的研究方向从历史考据逐渐转向经世致用的边疆史地研究。道光二十六年（1846年），晚清著名历史地理学家张穆写成《蒙古游牧记》一书。

张穆（1805年—1849年），字通风，山西平定人。道光十二年以优贡生考取正白旗官学教习。他十分注意吸收前人的研究成果，喜欢结交学者名士，共同切磋学问。对祁韵士的《西域释地》、《藩部要略》作过详细的校订。对俞正燮的《俄罗斯佐领考》、《俄罗斯事辑》作过深入的研究。道光二十一年，他还从《永乐大典》中画出《元经世大典》西北地图，送给魏源刻入所辑《海国图志》中。这些学术活动与交往，促进了他的研究工作。

《蒙古游牧记》是张穆的代表作。它以蒙古历史上各盟的旗为单位，用史志体，即以方域为骨骼，以史事为血肉，记述了内外蒙古自古代迄于清代道光年间的地理沿革和重大史事，而且自己为之作注。张穆写作此书的目的极为明确，他感到："内地各行省、府、厅、州、县都有方志，通过方志，可以了解一地的史事，为今所用……独内外蒙古……未有专书。"钦定的《大清一统志》、《清会典》虽然也论及藩部，但是卷帙浩繁，不易流传，学问之人尚且懵其方隅，疲于考索，一般人要了解这方面的情况自然更为困难。因此，张穆在别人的支持下决定填补这一清代方志撰述上的空白。他根据蒙古族以畜牧为主、逐草迁徙的生活特点，以及历来因蒙语难译，无从考证的情况，在编撰此书时，突破了一般方志的窠臼，采取了先记清朝时期蒙古各部及其所属盟、旗，然后再写该部从古代至当世的历史演变、地域沿革，并写出它与历代统一皇朝的密切关系，而尤详于它与清皇朝的密切关系。

在书中，他赞颂祖国领土的辽阔和统一，强调中央对边疆的统属关系。对清初蒙古地区"一命之吏必请于朝，一石之粟必输于官"的地方统属中央政府的局面，大加称赞。在研究方法上，张穆打破了繁琐考据的清规戒律，用很大篇幅考察了古代蒙古与近代蒙古之间的变化，研究了蒙古各盟、旗、部落的分合、成因、相互关系及当时的现实情况，改变了以往写史只谈古不言今的旧作风。这种贯通古今的研究方法，集中体现了张穆面向现实，经世致用的治学思想。

《蒙古游牧记》书影

有为提出"大同"思想

康有为像（1858—1927）

1913年，康有为的《大同书》在《不忍》杂志上发表。

清朝末年，清廷腐败，外族入侵。民族矛盾日益加深。光绪十一年（1885年），中国近代启蒙思想家、资产阶级改良派的主要代表康有为把资产阶级改良思想和儒家今文经学相结合，写成《人类公理》一书，初步提出"大同"思想。

康有为，19岁时"应乡试不售，愤学业之无成"，开始跟当时名儒朱次琦学习中国哲学及历史。在外国资本主义侵略的现实刺激下，他不满于埋首故纸堆中，而"日有新思"。22岁时，立下"以经营天下为志"，从而转攻西学。从1888年至1898年，他先后七次上书光绪皇帝，提出"变法"主张。后组织强学会、保国会，为变法做准备。光绪二十四年戊戌变法期间，康有为成为改革派的政治领袖。变法失败后流亡国外。在周游世界的过程中，进一步目睹了西方资本主义文明，同时也看到了资本主义社会危机，接触到欧美空想社会主义学说的片断，在此基础上，完成了《人类公理》的补写工作。1913年以《大同书》为名，在《不忍》杂志上发表其中的甲、乙两部。

在《大同书》里，康有为具体提出了他的"大同"思想：一、在儒家博爱观的基础上，运用今文经学的变易历史观和西方的进化论，天赋人权说与空想社会主义学说，对《春秋》公羊三世说进一步加工改造，提出了人类社会发展进程的新的公羊三世说——即由据乱世而升平世（小康）再到太平世（大同），并以"大同世界"的实现作为最高的社会理想。二、提出了实现"大同世界"的道路。他认为人世间的种种苦难，其根源在于九界（国界、级界、种界、形界、家界、产界、

康有为《大同书》手稿

乱界、类界、苦界），只有"破除九界"才能进入"大同世界"。他认为封建时代是据乱世，君主专制，贵族为胄、人民为奴，国国不合，家家不睦，贫富不均，所以必须消灭家庭（去家界），消灭私有制（去产界），消灭阶级（去级界），消灭国家（去国界）。西方的资本主义也只是升平世，而未来的社会才是"大同世界"。三、为"大同世界"描绘了一幅理想的蓝图。"大同之世，天下为公，无有阶级，一切平等。"实行财产公有，没有阶级剥削和民族压迫，男女平等，个人绝对自由，少有所教，老有所养，没有军队和刑罚，没有皇帝和贵族，在民选的世界大同公政府的管理下，整个世界按地球经纬度划分出分政府，实行地方自治，等等。

　　康有为所提出的"大同"思想是资产阶级改革派"变法"理论的一个重要组成部分。作为新兴资产阶级的政治理想，它既深深打上了中国传统文化

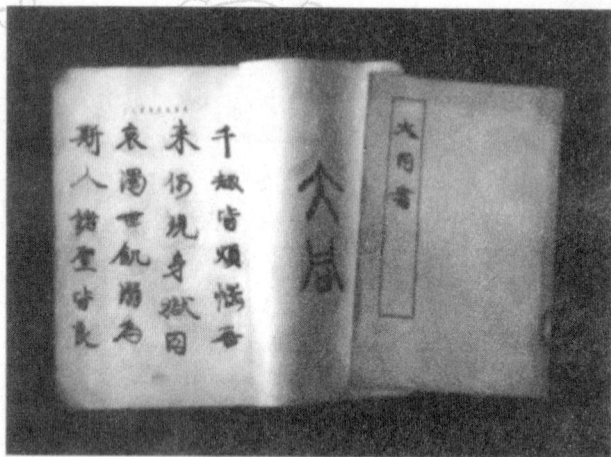

康有为《大同书》

的烙印，又带有西方资产阶级民主制度的影子，还掺杂着欧美空想社会主义的成分。其中丰富的反封建、要求实现平等的思想内容，是对我国几千年来反封建理论的升华，在很大程度上，表达了人民对民主、自由、平等的要求，对幸福生活的渴望。然而，"大同"思想没有从社会经济的深层角度去揭示社会发展规律，相反，则用空泛的理论来掩盖阶级矛盾，认为只要人人具有"不忍之心"，就能消除社会痛苦，认为社会通过渐进、改良的道路就能进入大同世界，这只能是不切实际的幻想而已。